야스퍼스의 佛敎觀

야스퍼스의 佛敎觀

- 佛陀와 龍樹 -

칼 · 야스퍼스 著

鄭 柄 朝 譯

해　설

1. 「위대한 철인(哲人)들」 속의 불타와 용수

　　이곳에 번역한 「불타와 용수」는 금세기 실존철학의 거장 카알·야스퍼스의 최근세작인 『위대한 철인들』의 제一권에 수록되어 있는 많은 철학자들 가운데 불교에 관계되는 두 분만을 번역한 것이다. 『위대한 철인들』은 一九五七년에 출간되었고 야스퍼스는 이것을 세 권으로 나눌 예정이었다. 그러나 불행히도 그 전부를 탈고하지 못하고 타계他界하였다. 야스퍼스는 제一권 안에서 불타·용수를 비롯해서 소그라테스·공사·예수·플라톤·아우구스티누스·칸트·아낙시멘드로스·헤라클레이토스·파르메니데스·플로티누스·안세르무스·스피노자·노자老子 등을 다루었다.

　　그가 이 『위대한 철인들』을 집필하게 된 동기·선택의 기준, 그리고 구성 등에 대하여 어떻게 생각하고 있는가를 『위대한 철인들』의 자서(自序)를 통해 살펴봄으로써 이 책의 이해에 도움을 주고자 한다. 자서(自序) 중 이 책과 직접적인 관계가 없는 부분은 생략하기로 한다.

　　철학사(哲學史)는 헤겔에 의해 비로소 진정한 의미로 의식되어졌다 해도 좋지만, 오늘날에는 다시 사정이 달라졌다. 철학에 철학사가 필요한 것은 말할 나위도 없다. 오늘날 우리는 철학사에 관해 산더미처럼 많은 자료를 갖고 있다. 그러나 그것들을 진실로 생생한 현재에 가져오지 않는다면 그것은 죽은 자료에 불과하다. 자기의 철학적 사유를 개입시키지 않고는 철학사란 있을 수 없다. 철학만이 과거·현재의 철학을 이해할 수 있을 것이다. 철학사에는 다음과 같은 여러 가지 모습이 있을 수 있다.

(1) 역사적 상(像)—시대구분 등을 명확히 한다.
(2) 사태적(事態的) 상—사유의 체계 문제 등을 취급한다.
(3) 발생적 상—신화·종교·시·언어의 면에서 고찰하면서 간다.
(4) 실천적 상—생활실천상 어떤 결과를 갖느냐 하는 것을 파악한다.
(5) 역동적(力動的) 상—철학하는 일에 의해서 생기(生起)되는 제 정신의 투쟁이라는 관점에 선다.

이상 다섯 가지의 모습은 실제로는 서로 혼합되어 있다. 그러나 이것들을 모두 끌어 모아도 역시 철학사의 전체 모습이 형성되었다고는 말할 수 없다. 더구나 거기에 『포괄자가』 잔존한다. 이것을 메우기 위해서는 철학자와의 사랑의 교제가 필요하다. 그것에 의해서 이런 다섯 가지 모습으로서는 얻을 수 없는 철학의 본질, 철학의 핵심에 도달할 수가 있다. 『위대한 철인들』을 쓴 의도가 바로 이점에 있다.

이 책의 제목을 "Die GroBen philosophen"이라 했고, "GroBe philosophen"이라 하지 않았던 이유에 관해서 언급하겠다. 비록 대철학자로서 누구를 선택하느냐 하는 것이 선택자의 자의와 역사적 제약에 의해서 제한되어 있다 하더라도 거기에 지시되어 있는 이념, 즉 모든 위대한 철인들을 전체적으로 통괄하고 그들을 모두 하나의 연관에게까지 가져오게 하는 이념은 무너

지지 않는다. 그렇기 때문에 그것을 망라하는 뜻에서 "Die GroBen philo-sophen"이라 해서 조금도 지장은 없다. 다만 이념이란 어디까지나 이념이기 때문에 이러한 이념의 영역의 반조(反照)를 불충분하지만 현전화(現前化)하는 것으로서 만족하지 않으면 안 된다. 이 현전화는 역사에 있어서 일회적(一回的)으로 나타나는 인간의 실존에 의해 수행된다. 철학사는 『학적(學的) 철학』이라고도 부를 수 있는 객관성을 지닌 철학이야말로 서술할만한 것이오, 철학사의 서술에는 주관적인 것이 들어가서는 안 된다는 주장에도 일리는 있다. 그러나 진정한 의미에 있어서의 철학사는 근원적인 철학적 사유에 의해 인도되지 않으면 안 된다고 한다면 도리어 주관적인 것—주체적 인간실존의 철학적 객관성을 보증하는 것이 된다.

그러면 도대체 제목에서 말하는 『위대한 철인들』이란 어떤 사람들을 가리키는 것일까. 『위대함』이란 무엇을 의미하는가. 위대한 인간이란 존재 전체의 거울이며, 포괄자 가운데 있다. 그가 세상에 나타내는 것은 세상을 파개(破開)하는 것이기도 하다. 그는 초월자의 말이 된다. 위대함이란 역사적으로 유일한, 다른 것과 바꿀 수 없는 형태를 취하는 것의 보편이다. 바꾸어 말하면 보편이 역사적으로 한 인격의 모습을 나타낸 것이다. 그러면 어떻게 해서 이러한 위대함을 파악할 수 있을까. 우리들을 더욱 향상시키는 외경(畏敬)과 명시(明視) 속에서 그것은 감득(感得)된다. 위대함을 봄으로써 위대함과 교제함으로써 나는 내 자신이 되는 것이다.

나의, 자기 자신의, 마음가짐이 위대함을 파악하기 위한 조건이 된다. 내가 의지를 더욱 순수하게 사유를 더 진실하게 하면 그만큼 더 명백하게 위대한 사람들의 의지와 진리가 우

리에게 오는 것이다. 이러한 위대함을 심리적·사회적으로 테
스트할 수는 없다.

그러면 『철인』이란 무엇인가. 철인이란 존재자체를 스스로
의 사유에 의해 경험하는 자이다. 그 사유란 고대 이래 끊임
없이 문제시되었고, 지금도 문제시되고 있다. 이 사유를 일괄
해서 규정하는 것은 곤란하지만 그것은 가장 높은 가장 근본
적인 의미에 있어서 철학자들에게 공통한 것이라고 말할 수
있다. 다음에 위대한 철학자의 기준·조건을 들어 보겠다.

㉮ 외적 조건

(1) 저작이 잔존해 있을 것(예외가 있다. 소크라테스·불
타·공자·아낙스멘드로스)

(2) 후대사람들에 대해서 권위를 갖고 선명한 영향을 주고
있을 것.

㉯ 내적 조건

(1) 시간 속에서 시간을 초월할 것, 초역사적일 것.

(2) 근원에 있어서 독창적일 것, 새로운 것의 태어남의 놀
라움이 있을 것.

(3) 정신적 독립성, 더구나 고정적이 아니며 유동적인 독립
성이 있을 것.

위대한 철학자의 현실적인 특질을 열거하면

(1) 철학자가 나타내는 것은 『학(學)』이다. 즉 논리적 형식
과 체계적 성격을 함께 갖고 있다.

(2) 철학자는 우리들의 생활의 방식 전체를 보고 개개의
사실을 넘어서 우리들의 생존·세계·존재·신을 우리들에게
의식시킨다.

(3) 규범적이다. 니체의 말을 빌리면 철학자는 입법자(立法者)이다. 더욱이 개개의 철학자의 완전한 자유에 있어서 일이 수행되어짐으로 종교와 구별되고, 철학하는 일에 있어서 인간의 자기존재의 전체가 활동을 강요당하기 때문에 과학과도 구별된다.

다음에 이 책에서 철학자들을 크게 세 부류로 나눈 것에 대해서 말하고 싶다. 제一의 부류는 소크라테스·불타·공자·예수를 포함한다. 그들은 다른 어떤 사람도 이루지 못한 방식으로 인간존재를 역사적으로 규정한 사람들이다. 그들 외에 다섯 번째로 누군가를 들 수는 없다. 그런 적당한 인물이 없기 때문이다. 이러한 사람들을 철학자라고 부르는 것을 주저하는 사람이 있을는지도 모르겠다. 그러나 그들은 어떤 의미에서 철학자이며, 비록 철학자가 아니라도 모든 철학에 끊임없이 영향을 주며, 모든 철학적 사유의 근원이 되고 있다. 제二의 부류는 위대한 사상가들—정말로 철학자라고 불릴 수 있는—이다. 그들은 다시 다음과 같이 사분(四分)된다. ① 창조적인 활동에 의해 사상의 다 파내기 힘든 가능성의 근원이 된 사람들—플라톤·칸트 등 ② 사상의 비전이 풍부한 사람들—노자(老子)·용수·스피노자 등 ③ 예민한 부정적 정신의 소유자—데카르트·흄·키에르케골·니체 등 ④ 창조적 체계 정비자—아리스토텔레스·헤겔·상카라·주자(朱子) 등, 제三의 부류는 시·과학연구·문학·생활실천·철학교수에 있어서 위대한 철학적 사유를 행한 사람들을 포함한다. 단테·셰익스피어·괴테·도스토예프스키·갈릴레이·다윈·아인슈타인·막스 베버·마키아벨리·루소·베이컨·쇼펜하우어·하이네·세네카·장자 등이다. (『위대한 철인들』 제1권은 위의 제2부류의 도중에서 끝난다. 역자 주)

　이와 같이 분류를 해도 그것은 어디까지나 잠정적인 것이며, 진실로 위대한 철학자들은 각자의 부류 속에 한정된 것이 아니며, 그 부류·그 위치는 그들의 아주 작은 일면을 잠정적으로 파악하는데 불과하다. 위대한 철학자는 시대·민족·철학적 입장·정신적 유형의 어느 것에 의해서도 포섭되는 일이 없다. 우리들이 시도한 이 분류를 아니 일체의 분류를 그들은 초월하는 것이다. 분류는 어디까지나 이차적인 문제에 불과하다. 각 철학자를 그 개개의 위대함의 높음에까지 추구해서 서술하는 것이 이 책의 유일한 목표이다.

　여기 선택한 몇 사람의 위대한 철학자는 그 선택 자체에 깊은 의미가 있다. 나는 이러한 사람들을 선택함으로서 나의 자기육성의 길을 선택한 것이며 내 철학적 사유를 결정한 것이다. 나는 위대한 철학자들을 끌어 모아서 단지 지식을 증가시키려고 시도하는 것은 아니다. 이러한 사람들은 벌써 죽어 없음에도 불구하고 마치 생명 있는 사람과 마찬가지로 내가 그들의 책을 읽고, 거기에 묻고, 거기서 답을 찾으려고 할 때 나와 대화한다. 나는 언어학적으로 철학서를 읽는데 그치지 않고 거기에 담겨져 있는 핵심을, 아니 오히려 거기에 표면적으로는 진술(陳述)되어 있지 않는 심연(深淵)을 얻으려 한다. 이것은 어떠한 철학서 독파에도 수반되는 하나의 운명이다.

　여기에서 하나의 문제가 제기된다. 철학은 철학이며 학인 이상 엄밀히 객관적이지 않으면 안 된다. 그러므로 철학자의 사상이 위대하면 위대할수록 그 사상은 개개의 철학자의 인격을 넘어서 객관적인 것이 되지 않으면 안 되고 철학자 개인은 그늘에 묻혀 가는 것이 아닐까 하는 문제가 그것이다. 확실히 철학은 학으로써 객관적이어야 하며, 이것은 사실적·

객관적인 서술을 일삼는 소위 철학교과서에 있어서 말하여
질 성질의 것이다.

위대한 철학자를 헤아릴 때 철학사에 관해서 어떤 점에 주
의해야 할 것인가를 말하자면 (1) 이러한 철학자는 일선을 따
라 발전하고 있다고 보아서는 안 된다. 각자가 각자의 높은
위치에 있고 반복할 수 없는 성격을 갖고 있다. (2) 위대한
철학자는 그가 만나는 사람들의 마음에 영원의 진리를 각성
시킨다는 근원적인 의미에서 대체할 수 없는 존재이다. (3)
위대한 철학자는 끝까지 파악되어질 수 있는 존재는 아니다.
끊임없이 근원에 있어 새롭다. 망각되어 수백 년을 경과해도
만약 그의 말에 귀를 기울이는 사람이 있다면 즉시 소생하는
것이다.

실제로 위대한 철학자를 알려고 할 때 계기가 되는 것은
그 저작이다. 그러나 저작만을 강조하고, 그 사람됨을 방삭하
는 것은 올바르지 않다. 인간과 저작이 서로 해석을 붙잡는
것이다. 과학자나 기술자라면 인간과 그 업적의 분리도 있을
수 있다. 그러나 철학은 실존으로서 역사에 일회적인 전 인간
에 의해 수행된다. 이러한 전 인간을 심리학적으로 파악하려
해도 그 시도는 쓸데없다. 경험적인 사실과 그렇지 않은 것과
를 구별하는 것이 목적이 아니며 진정한 실존과 그렇지 않은
실존과를, 충실과 공허와를 구별하는 것이 목적이기 때문이
다. 다시 말하면 위대함은 진실(眞)과 거짓(僞)·선과 악 사이
에 서서 결단을 내리는 것을 통해서 철학적 사유 속에 나타
난다. 이러한 철학적 사유에 의해서 현 존재는 실존이 되고,
에로스는 사랑이 되고, 찰나적 순간이 영원의 순간이 되는 것
이다.

위대한 철학 속에 모순이 들어 있어도 상관없다. 헤겔이 말한 대로, 모순 그 자체가 사유의 본질 속에 있기 때문이다. 니체에 의하면 얼마만큼 모순을 내포하고 있느냐가 위대함의 기준이 된다. 위대한 철학자 가운데도 역시 불진실한 것, 이해할 수 없는 것의 계기는 있다. 돌이켜 보면 내포되었던 것이 모순에 표면화 한다. 더군다나 이 모순을 통해서 속에 있는 전체가 진정한 의미로서 명확하게 되어지는 것이다.

위대한 철학자를 테마로 할 때, 이것을 초역사적인 것, 우리들에게 언제나 현존하는 것으로서 보면서 갈 것, 그리고 그들의 사유방법이나 행위의 근원이 포괄자임을 알지 않으면 안 된다. 이 포괄자를 주관과 객관, 사람됨과 저작으로 분류할 수는 없다. 우리들이 위대한 철학자에서 위대한 철학자로 육박할 때 거기에 무엇인가의 통일을 발견할 수 있는 것처럼 생각한다. 그러나 여기에 대응하는 것은 아무 것도 없다. 다만 거기에 도달하는 길이 제시될 뿐이다. 또 위대한 철학자의 서술에 있어, 우리들은 방관자의 입장에 선다고도 생각되지만 진정한 서술은 그런 객관적인 입장에서 얻어지는 것이 아니며, 서술 그 자체가 진리를 획득하려고 고투(苦鬪)하는 행위인 것이다. 그러므로 위대한 철학자의 서술에 있어서는 보편적·일반적인 방법도 사용하지만 오히려 한 사람 한 사람에 대해서 각자의 방법으로 서술이 행해져야만 할 것이다. 그들에 관한 문헌은 많이 있다. 이 책에서는 그것들을 정리하고, 다음과 같은 여러 가지 면에서 주의해서 서술하였다.

(1) 서술은 먼저 위대한 철학자의 모습을 역력히 묘사하지 않으면 안 된다. 그것은 마치 예술가가 예술의 역사를 묘사하는 것과 동일하다. 다만 다른 점이 한 가지 있다. 예술사가는

반드시 예술가일 필요는 없으나 철학사가는 언제나 동시에 철학자가 아니면 안 된다는 것이다. 철학사가가 사태에 절박하면 할수록 그는 스스로 철학자가 된다. 왜냐하면 철학사 자체가 철학의 하나의 동기이기 때문이다.

(2) 철학이라는 것을 누구나가 다 알 수 있도록 쓰기에 힘쓴다. 이것을 계기로 해서 독자는 스스로 위대한 철학자의 입장이 되는 것을 실현해 주기 바란다.

(3) 인용은 중요한 것이다. 그러나 너무 인용하면 거의 인용뿐으로 한 책이 되어 버리는 수가 있다. 올바른 인용의 방법은 인용하는 사람이 인용을 통해 선택한 글을 하나의 관련 속에 짜 넣어서 사용하는 일이다. 또 위대한 철학자의 말을 인용하는 것만으로 만족해서는 안 된다. 말하여진 언어를 초월한 것을 붙잡지 않으면 안 된다. 사실 이것은 소위 해석과는 구별되어지지 않으면 안 된다. 우리들은 말하여져 있는 것을 다시 묻고, 그 저변에 도달함으로서, 스스로 철학적 사유를 수행하는 소재를 거기에서 찾아내야 할 것이다.

위대한 철학자를 서술하는 것은 일종의 『구성』이다. 하나의 철학자에 관해서 여러 가지방법으로 구성이 이루어질 수도 있다. 그것들은 서로 보완해서, 『일자(一者)』 즉 포괄자인 이념 쪽으로 포섭된다.

서술의 순서에 대해서 말하면, 만일 서술의 대상이 철학자가 아닐 경우에는―예를 들면 자연과학자―먼저 그 사람에 선구하는 사람들의 업적을 말하고 그것을 계승한 그 사람의 일을 서술하는 방법으로 진행하면 좋겠지만, 철학자의 경우에는 사정이 다르다. 철학자는 그 일회성(一回性)에 있어서, 그리고 다양한 방법으로 전체의 현전화로서 현존하는 것에 관련되어 있다. 이것을 평가적으로 말할 수는 없다. 그러나 이 책에 있어서는 편의상 어떤 도식을 내세워서 거기서 따르기로 했다. 뭐라고 하던 간에 저작이 그 철학자를 여실히 말해 준다. 저작이 완비되어 있는 사람도 있지만, 완비되지 않은 사람도 물론 있다. 일기나 편지가 이럴 때 매우 큰 역할을 한다. 그리고 철학자가 생존해 있던 시대나 환경도 소홀히 할 수 없다. 다만 현재 잘 행해져서 있듯이 시대나 환경 속에 그 철학을 분해 시키는 것이어서는 안 된다.

정신적 실세계의 현전화는 그러한 시대나 환경의 제약을 다하면서 동시에 이것을 넘어서서 초역사적인 현실 속에 수행하지 않으면 안 된다. 위대한 철학자의 저술 가운데는 반드시 철학상 중요하며 없어서는 안 될 영원의 과제나 연구대상이 포함되어 있다. 이것을 파악하여 서술하려는 것이 본래의 목적이다. 더욱이 후세에 끼친 영향도, 여기에 첨가하여 서술하지 않으면 안 된다. 위대한 사람들은 반드시, 그 이전에는 발견되지 않았던 새로운 것을 출생시키고 있다. 이것이 후세에 대해서(오해되어질 가능성을 내포하면서) 유형(類型)이 되는 것이다. 이 책을 집필하는데 있어, 문헌학자들에 대해서 깊은 감사를 표하고 싶다. 그러나 여기에 이루어지는 것은 문헌학자의 일과는 다르다. 여기서는 철학자들과 함께 철학하는 것이다. 그리고 독자를 그러한 철학하는 일로 이끌면 이 책의 목적은 달성되었다고 말해도 좋을 것이다.

2. 야스퍼스의 불교 이해

독일이 낳은 위대한 실존철학자 카알·야스퍼스는 아마도

금세기 사상계에 가장 현저한 영향을 미친 사람 중의 하나일 것이다. 그의 철학의 핵심을 이루는 것은 「포괄자(包括者)」 (Das Umgr eifende)의 사상이다. 포괄자란 마치 불교에서 사용하는 「법(法)」의 의미와 같이 다양하고 본질적인 어휘이다. 그것은 현존재·의식일반·정신·실존·세계·초월 등의 여러 가지 의미가 포함된 말이다. 이러한 포괄자의 의미는 야스퍼스에게 있어서는 하나의 종합이었다. 다시 말해서 서양철학에 있어 전개된 여러 가지 개념의 종합적 의미로 쓰여진다는 말이다. 그러나 포괄자는 각자의 경지에 있어서 관련적이며, 불교식으로 말한다면 연기적(緣起的)일뿐만 아니라 그러한 특성과 함께 구체적·주체적인 것이 됨으로써 초월에까지 이르는 것이다. 이것은 야스퍼스의 철학적 안목이 대상에서 주체로 향해 있음을 뜻한다. 그러면서, 철두철미 자기 자신을 존중하면서 일상의 자기, 합리적 자기, 정신적 자기를 조월해서 마침내는 자기의 근원, 그 자체를 초월해 간다.

불교의 입장에서 보면 이것은 상당히 연기론에 접근한 사고방식이라고 보여진다. 주지하는 바와 같이 불교의 연기론은 단순한 객관적 세계현상의 설명은 아니다. 연기는 자기의 존재, 자기의 문제에 집중된 형이상학적이고 초월적인 상호이해를 요구한다. 연기를 철저히 구명하고 내증(內證)하는 것이 곧 자기와 관계되는 세속을 초월하는 것, 즉 해탈인 것이다.

야스퍼스의 철학적 인식의 특색을 들라고 한다면 역자는 서슴없이 「주관·객관의 분열」을 넘어서는 것에 있음을 상기하고 싶다. 원래 일상적 의미에 있어서의 인식은 주·객의 분열로 성립되어 있다고 해도 과언은 아니다. 그러나 포괄자를 끝없이 천명(闡明)해 가기 위해서는 이 분열을 초극하지 않으면 안 된다. 야스퍼스에 의하면 『철학한다』는 것에 있어서는 「대상적으로 인식하는 사유법」과 「초월하는 사유법」과를 구별할 필요가 있다는 것이다. 전자는 과학에 있어서 수행되지만, 후자야말로 철학의 「근본작용」이며 그것은 대상적 사유에 있어서의 모든 대상성을 밟고 넘어가는 것이라고 했다.

불교교리의 근본은 「본래의 자기 모습을 회복해 가진 삶」을 영위하려는데 있다고 할 수 있을 것이다. 본래의 자기란 주·객이 분열되지 않은 상태를 말한다. 그것을 체득하는 것이 지혜며, 그것을 실천하는 것이 자비이다. 그때에 있어서는 어떤 털끝만한 대상성도 용납될 수 없다. 한국 불교의 주류를 이루는 선(禪)의 사상도 마찬가지이다. 어떠한 사유나 행위를 구사하여서라도, 대상적 인식을 부숴뜨리는 것이 과제인 것이다.

이와 같은 예는 야스퍼스의 불교 이해가 상당히 깊은 데까지 미쳤음을 알게 해 주는 것들이다. 사실 서양철학에 대한 야스퍼스의 회상을 보고 있노라면, 그래도 불교의 중심과제에 당면하고 있는 듯한 느낌을 받기도 한다. 물론 이것은 서양철학의 조류와 불교의 그것이 유사하다는 것을 뜻하지는 않는다. 야스퍼스가 지적하고 있듯이 사상의 구성 면에서나, 또는 문화의 배경으로 볼 때 그 둘은 분명히 이질적(異質的)이다.

불교는 해탈을 목표로 하고 있다. 그러나 해탈이란 일상적 안목에서 말한다면 분명히 비합리적인 것이다. 그러나 이 경우 비합리적이란 단순히 합리성을 초월했다는 의미뿐만 아니라, 인간의 모든 인격적 능력을 다해서, 그 심연의 바닥에서 다시 태어나는 것을 의미한다. 야스퍼스도 여기에 공감하고 있다. 그 능력을 다해야한다는 점에서 그것은 합리적이지만, 그러나 새롭게 다시 태어난다는 의미에서 그것은 비합리적이다. 야스퍼스가 말한 「인간이란 근본적으로 자기가 알고 있는 것 이상이다」라는 뜻은 결국, 이와 같은 불교적 재생(再生)의 의미를 음미함에 있었음에 틀림없다.

원래 야스퍼스의 철학체계는 불교나 다른 동양전통과 많은 관련을 맺은 것은 아니었다. 야스퍼스의 전후 최대역작인 「진리에 관하여」에서, 그는 철학적 조직성을 유감없이 발휘했음에도 불구하고, 그 안에서 그가 언급하고 있는 인도사상·불교사상에 관한 구절은 거의 손꼽을 수 있을 만큼 작은 분량이었다. 야스퍼스가 처음 정면으로 불교를 취급한 것은 바로 이 「위대한 철인들」에서 불타와 용수를 다루면서부터였다. 60년대 일본을 방문하면서 선객들과의 대담도 그의 불교적 안목을 넓히는데 많은 도움을 주었다고 보여진다. 물론 야스퍼스의 불교이해가 전면적으로 정당하다고만은 볼 수 없다. 그러나 그는 이 책 속에서 적어도 서양인으로서 합리석 사유로서, 도저히 파악될 수 없는 그 무엇이 불교에 내재하고 있음을 인정하고 있다. 아울러 불교적 입장에서 논하는 공(空)의 세계를 사유의 세계에서 비사유에로 복귀하는 것이며, 따라서 사유할 수 없는 것에의 지양(止揚)이 그 구경이라고 말함으로서, 그의 철학의 주류를 이루는 생(生)에의 점화(点火), 다시 말해서 「천명(闡明)」의 길이 불교 안에 있음을 밝히고 있는 것이다.

우리는 이 위대한 철학자, 특히 비불교적 입장에서 서술된 불타와 용수에 관한 책을 통해서 시야의 확대, 나아가서 <동>과 <서>의 만남이라는 궁극적이고도 이루어야 할 과제를 해결하여야 할 것이다. 의도적은 아닐지 몰라도 이 책의 집필에 있어서 많은 부분을 야스퍼스는 서양적 사유에 의해 불교를 비교하고 있다. 무명(無明)과 원죄(原罪)라든가, 신비주의의 비교,

공(空)의 입장과 니힐리즘, 용수의 팔불중도(八不中道)와 변증법 등이 그 대표적 실례이다. 야스퍼스는 본서의 서술에 있어서 서양철학적인 용어를 사용하면서 그것에 한계성과 부담을 느끼는 듯이 보여진다. 그는 「존재와 비존재」라는 말을 사용할 때 그러한 「서구적 개념이 모두 인도적인 색채를 갖는다」라는 변명을 잊지 않고 있다.

그러나 야스퍼스는 다만 단순히 불교와 서양의 유사성을 찾아내고, 또는 양자의 사유방법을 혼동하려고 하는 것은 아니다. 그가 특히 용수의 마지막 장에 간격(間隔)이라는 장을 남겼음을 주목해야 할 것이다. 그러나 「서양에 있어서 단서(端緒)·계기였던 것이 아시아에서는 전체가 되고, 전혀 별개의 것이 되었음」을 인정하고, 「불타에 의해 하나의 위대한 해결이 발견되고 실현되어 있음을 깨닫고, 그것을 이해하는 것이 우리들에게 주어진 과제임」을 밝힌 것 등은 탁견(卓見)이라고 볼 수 있을 것이다.

끝으로 야스퍼스의 저작을 열거하여 이 방면의 연구에 편의를 도모하고자 한다.

정신병리학 총론精神病理學總論　1913
　　Allgemeine Psychopathologie
세계관의 심리학　1919
　　Psychologie der Weitanschauugen
스트린트벨그와 반·고호　1922
　　Strindberg und Van Gogh
현대의 정신적 상황　1931
　　Die Geistige Situation der Zeit

막스 베버 1932

  Max Weber, Politiker, Forscher, Philosophie

철학 1932

  Philosophie

이성과 실존 1935

  Vernunft und Existenz

니체 1936

  Nietzsche, Einführung in das Verständnis Seines Philo-
  sophierens

데카르트와 철학 1938

  Descartes und die Philosphie

실존철학 1938

  Existenz Philosophie

대학의 이념 1946

  Die Idee der Universität

전쟁의 죄 1946

  Die Schuldfrage

니체와 기독교 1946

  Nietzsche und das Christentum

진리에 관해서 1947

  Von der Wahrheit, Erster Teil der Philosophischen
  Logic

철학적 신앙 1948

  Der Philosophische Glaube

역사의 기원과 목표 1949

  vom Ursprung und Ziel der Geschichte

철학입문 1950

　Ein-führung in die Philosophie

현대의 이성과 반이성 1950

　Vernunft und Widervernunft in unserer Zeit

열려진 시계視界 1951

　Offener Horizont,

변명과 전망 1951

　Rechenschaft und Ausblick

비극론 1952

　Über das Tragische

레오날드·다·빈치 1953

　Lionardo als Philosoph

비신화화(非神話化)의 문제 1954

　Die Fiage der Entmythologisierung

쉐링 1955

　Schelling

정신요법의 본질과 비판 1955

　Wesen und Kritik der Psychotherapie.

원자폭탄과 인간의 장래 1958

　Die Atombombe und die Zukunft des Menschen

철학과 세계 1958

　Philosophie und Welt

자유·진리·평화 1959

　Freiheit Wahrheit, Friede

註 略號

SN	Saṁyutta-Nikāys (PTS)
AN	Aṅguttara-Nikāya (PTS)
DN	Dīgha-Nikāya (PTS)
MN	Majjhima-Nikāya (PTS)
Nag.I.	M. Walleser; die Mittlere Lehre des Nāgārjuna, Heidelberg, 1911
Pr.	M. Walleser; Prajñāpāramitā
PTS	Pāli Texts Society (London)
Dh	Dhammapada (PTS)
HBI	Étienne Lamotte : Histoire du Bouddhisme Indien, Louvain, 1958.

차 례

제1부 불타(佛陀)

제2부 용수(龍樹)

제1부 불타(佛陀)

불타의 말씀을 정확하게 담은 원전(原典)으로서의 기록은 하나도 없다. 우리가 접근할 수 있는 가장 오래된 전설을 수록하고 있는 문헌은 파알리어(巴利語) 경전들이다. 그 중에서도 특히 디이가1)·니카아야를 들 수 있다. 학자들은 현존해 있는 텍스트의 수가 얼마나 되는지 북방과 남방에서 유포하는 다양한 전통의 흐름, 그리고 역사적으로 확실한 최초의 사실, 즉 부처님이 돌아가신지 이백년 후의 아소카왕과2) 그의 불교적 활동에 관한 것들을 우리들에게 알려 주고 있다. 또 학자들은 불교의 여러 가지 큰 변모에 대해서도 알려 준다. 불타의 실재에 관해서는 명백히 전설적인 것이나, 후세의 부가(附加)라고 증명할 수 있는 것을 제거하고 비판적으로 설명

---

1) Dīgha Nikāya 장아함(長阿含): 불교경전의 원형이라고 믿어지는 파알리어원전 4아함(四阿含) 가운데 하나.

2) 아소카왕(阿育王): 인도를 통일했던 마우리아 왕조(王朝)의 제3대 왕. 불교에 귀의하여 많은 불교적 업적을 남겼다. 아소카왕의 재위 연대는 B. C. 268~232로 보고 있다. 원래 쟈이나 교도였다가 칼링가의 정복전쟁 때, 수많은 인마(人馬)의 살상에 회의를 느끼고 불교에 귀의하였다. 불교적 이념으로 정법을 실현하기 위해 각종 구호 사업소, 병원 등을 지었고 불교의 사성지(四聖地), 즉 태어나신 룸비니, 성도하신 붓다가야, 초전법륜(初轉法輪)을 편 녹야원, 그리고 돌아가신 곳 쿠쉬나가라 등을 보수하였다. 불교도들은 아소카왕의 업적을 기리고 그를 전설적 군주인 전륜성왕(轉輪聖王)에 비유한다.

되지 않으면 안 된다. 그런데 이러한 제거를 어디까지 밀고가야 하는지를 결정할만한 이론(異論)의 여지가 없는 지식이란 없다.

만약 엄밀한 사실만을 위하여 이러한 삭제를 가하는 사람이 있다고 한다면 그는 결국 아무것도 남는 것이 없는 데까지 이르고야 말게 될 것이다.

만족할만한 불타의 모습을 그리기 위해서는 비록 그것이 어느 모로 보거나 확실한 것은 아닐지라도 본질적으로 불타의 것으로 믿어지고 있는 성구(聖句) 속의 모든 사건들을 보고, 깊은 감동을 받는 것을 전제로 하지 않으면 안 된다. 이 감동만이 투시(透視)를 가능하게 한다. 이 경우에 인격적이요 일회(一回)적인 실재에 대한 반조(反照)가 우리들에게 무엇인가를 말하여 준다는 것, 그리고 반조(反照)가 있는 곳에 틀림없이 빛이 발하고 있었을 것이 틀림없다. 이 발광(發光)을 인식하는 사람에게는 명백한 것이겠지만, 이것을 인정하지 않는 자에게 대해서는 도저히 증명이 불가능한 것이다. 아주 현상 속에 나타나 있는 초감성적(超感性的)인 불타의 불가사의한 전설적 이미지 속에서까지도, 본래 인간적인 실재(實在)의 여러 가지 전개, 상징화가 어느 정도는 엿보여진다고 말할 수 있을 것이다.

제1장 생 애

불타는 샤아카(Śākya 釋迦)족이란 귀족의 출신이다3). 샤아
카족은 코오살라라는 강성한 국가와 인접해 있는 「카필라바스
투」라는 작은 나라를 통치하고 있었다. 이 지방은 일년 내내 쌓
여진 눈들이 반짝이는 눈 덮인 히말라야산 기슭에 있다. 소년기
와 청년기의 고오타마4)는 이 귀족사회의 풍요한 현세생활의 행

---

3) 부처님의 생존연대에 관해서는 대략 다음과 같은 세 가지 설이 있다.
 ⓐ B. C. 624~544년설(年說)
　　남전(南傳)에 근거 11세기부터 내려오는 전설을 토대로 한다.
 1956년 스리랑카에서 불멸(佛滅) 2500년제가 있은 후 세계불교도
 우의회(世界佛敎徒友誼會)가 이것을 채택함으로써 현재 우리나라도
 이 설에 따르고 있다.
 ⓑ B. C. 565~485년 설(說)
　　도사(島史), 대사(大史) 등에 근거, 즉 불멸 후 율장(律藏)이 결집
 되었을 때 제일점(第一點)을 치기 시작, 매년 안거(安居) 때마다 점
 을 쳐, 그 점이 九六五점에 이르렀을 때 중국에 불교가 전래했다고
 한다. 그것을 역대삼보기(歷代三寶記)에 의하면 490년이라는 것이
 다. 따라서 불멸을 B. C 四五八년으로 본다. 파알리어 불교학자였
 던 Geiger가 처음 이 설을 주장했고, 많은 학자들이 동조했다.
 ⓒ B. C. 463~383년 설
　　일본의 우이·하꾸쥬(宇井伯壽)가 주장한 것을 나까무라·하지매
 (中村元)가 수정한 것으로서 십팔부론(十八部論) 부집이론(部執異
 論) 등 북방에 전해진 설이다. 「불멸후 116년에 아소카왕이 즉위했
 다」라는 기사를 근거로 해서 아스카왕의 즉위를 B. C 268년으로
 보고 정한 연대이다.
　　이상의 여러 학설은 모두 불타의 80년 생존설을 주장하는데, 이
 와 같이 불멸연대에 혼란이 있게 된 것은 다음과 같은 이유에서
 일 것이다. 첫째 문자를 남기지 않았던 인도인의 명상적 기질, 둘
 째 후대 불교가 중국에 전래되면서 도교 유교 등과 함께 서로의
 우월을 주장하기 위해 교조(敎祖)의 생존연대를 조작함으로써 생겨
 난 결과일 것이다.
4) 고오타마(瞿曇)Gautama,: 부처님의 가문 이름. 이것은 소를 뜻하는

복을 맛보았다. 일찍 결혼해서 라아훌라라는5) 아들을 얻었다.

그의 세속적 행복은 생존의 근본현실을 의식하면서부터 흔들리기 시작했다. 그는 늙음과 병과 죽음을 보았다. 그는 이렇게 생각하였다. 육체의 바람직스럽지 못한 불행에 대해서 공포와 혐오를 느끼는 것은 내가 할 짓이 아니다. 왜냐 하면 나도 또한 늙고 병들고 죽을 것이기 때문이다.

「그러므로 내가 이러한 생각들에 잠겨 있을 때 나에게서부터 삶의 기력이 완전히 없어져버렸다6)」. 그 결과 그는 집도, 고향도, 가족도, 행복도 버리고 오직 고행(苦行)에 의해서 해탈을 얻으려고 하는 결심을 하게 된 것이었다. 그것은 인도의 전통적 관습이기도 하였다. 그때 그는 29세였다. 어떤 경전에서는 다음과 같이 말하고 있다.

「청춘이 꽃피는 젊은 나이, 생기발랄하고 싱싱한 생명의 한 가운데에서 고행자 고오타마는 고향을 떠나, 고향 없는 생활로 들어간 것이다. 비록 그의 부모들이 그것을 원치 않았지만, 그들이 눈물을 흘리면서 슬퍼하였지만, 고행자 고오타마는 부모의 뜻을 거역하고 머리와 수염을 깎고 황색의 승의(僧衣)를 몸에 걸쳤다7)」.

고오타마는 고행을 가르치는 스승, 요가행자의 가르침을 받고서 몇 년을 계속 해서 숲 속에서 고행을 닦았다.

    Gau라는 말에 **tama** 라는 최상급 형용사를 붙인 것이다. 즉 소를 숭배하는, 혹은 가장 훌륭한 소라는 뜻을 가진 낱말로서 부처님의 종족 이름이다.

5) 라아훌라(羅睺羅) Rāhula: 이 아들이 태어나자, 아 장애로구나, 라는 말을 했다고 해서 장애를 뜻하는 라아훌라가 그의 이름이 되었다.

6) Aṅguttara Nikāya (PTS) Ⅰ. p.146.

7) Majjhihima Nikāya (PTS) p.163.

「내가 목동이나 나무꾼을 보았을 때, 나는 숲에서 숲으로, 골짜기에서 골짜기로, 언덕에서 언덕으로 도망쳤다. 왜 그랬을까? 내가 그들을 보지 않기 위해서 그들이 나를 보지 않게 하기 위해서였다8)」.

명상은 고독한 속에서라야 이루어지는 것이다.

「진실로 이곳은 좋은 고장, 아름다운 숲이다. 흐르는 강물은 맑았고, 또 그것은 목욕하기에 아주 적합한 곳이었다. 그 주위에는 마을이 있었다. 이곳이야말로 해탈을 얻으려고 간구하는 구도자(求道者)에게 적합한 곳이다9)」.

고오타마는 대각(大覺)의 순간을 기다리면서 「그의 혀를 입천장에 붙이고10)」 그의 생각을 억지로 「꽉 붙잡고, 누르며 몹시 괴롭히면서11)」 단정히 앉는다.

그러나 모두 허사였다. 그의 어려운 고행은 어떠한 대각(大覺)에로도 인도하지 못했다 도리어 고오타마는 다만 고행을 일삼는 고행에 의해서는 진리란 나타나는 것이 아니고 쓸데없는 강제는 효과가 없다는 것을 깨닫게 되었다. 그래서 고오타마는 고행을 일삼는 인도의 신앙에서 보면 괴이하게 느껴질 일을 행하기 시작하였다. 그는 체력을 회복하기 위해 충분한 음식물을 섭취하였다. 지금까지 가까이 하고 있던 고행자들은 고오타마를 배반자로 취급하고 그를 떠났다. 그는 이제 혼자가 되었다. 그는 고행의 형식을 취하지 않고 순수한 명상을 행하였다.

어느 날 밤 무화과나무아래에서 명상을 하던 고오타마에게

---

8) Mahāsihanāda Sutta MN Ⅰ. p.79 南傳九. 130頁.
9) MN Ⅰ. p.163 中阿含 五六(大正藏 116 B)
10) 명상의 방법 가운데 혀를 붙이고 어금니를 지그시 깨무는 방법을 쓴다.
11) MN Ⅰ. p.242.

대각(大覺)이 열렸다. 그때 갑자기 그리고 남김없이 정신적인 직관에 의해 세상의 맥락(脈絡)이 그의 마음속에 생생히 떠올랐다. 존재하는 것은 무엇인가. 왜 존재하는가. 어떻게 해서 살아있는 모든 것들은 맹목적인 생의 갈망에 얽매여 있는가. 어떻게 그들은 끊임없는 윤회에 의해서 나고 죽는 일을 되풀이 하는 것일까. 고통이란 무엇인가, 그것은 어디서 오는 것일까, 어떻게 해서 그것을 극복할 수 있을 것인가.

이 각지(覺智)는 교설(敎說)로써 표현하면 다음과 같이 된다. 이 세상의 쾌락과 행복에 취해서 나날을 보내는 것도 몸을 괴롭히는 고행의 생활도, 그 어느 길도 올바른 생활은 아니다. 쾌락의 생활은 천하고, 고행의 생활에는 너무도 괴로움이 많다. 어느 것도 궁극적 목표로 인도하지는 않는다. 부처님이 발견한 길은 그 중도(中道)였다. 그것은 구제의 길이다. 이 길은 그 자체로서는 아직 명확하지 못한 신념이기는 하지만, 일체의 생존은 고(苦)이며, 그리고 목표는 이 고(苦)로부터의 해방이라고 하는 신념에서부터 비롯된다. 그리고 우리들의 말이나 행위에 있어서 올바로 살겠다고 하는 결심으로부터, 다음에는 명상의 각 단계에로 침잠(沈潛)하면서, 다시 이것을 기본으로 하여 우리들의 신념 속에서 이미 싹트고 있었던 것의 연식, 즉 고(苦)의 진리에 도달하는 것이다. 그것은 대각(大覺)에 의해서만 선명하게 포착될 수 있는 것이다. 윤회의 순환은 끝나고 완성이 이루어진다. 이와 같은 대각(大覺)은 끊임없는 생성소멸을 초월해서 영원으로 그리고 세속적 생존에서 열반으로 들어가는 것이 바로 그것이다.

이제는 깨달은 사람 붓다(Buddha)가 된 고오타마는 보리수 아래에서 7일 동안 결가부좌(結跏趺坐)[12]하고 앉아서 대각의 기쁨을 맛보았다. 그리고 그는 무엇을 했던가. 스스로의 대각을 확신하였을 때, 그는 이것을 다른 사람들에게 말하지 않으리라 하고 결심하였다. 그가 깨달은 내용은 세상 사람들이 알 수 있는 바가 아니다. 그들에게 어찌 그의 말하는 것이 이해될 수 있을 것인가. 그는 쓸데없는 노력을 피하려 한다. 세상에는 세상의 됨됨이가 있다. 세상은 몇 세대씩이나 주기적으로 생성소멸을 반복함으로써 무섭고 불가피한 유전(流轉)속에 있으나 맹목적으로 쫓겨가는 자, 무지한 자들은 그 안에서 여러 가지의 생존형식(六道)을 윤회하며 재생(再生)의 수레바퀴에 의해 간단없이 찢기고 있다. 그때마다 자기가 취한 생존에서 행한 것이 카르마(Karma)[13]로서 다음에 다시 태어나는 생존의 형태를 결정한다. 마치 지금의 생존이 이미 그 이전의 생존에 의해서 규정되어 있는 것과 같다. 세상은 바로 이러한 것이다. 그러나 그 가운데에서도 깨달은 사람에게는 구제가 있게 된다.

지혜 있는 사람은 이제는 재생에 들지 않고 열반에 들어가는 것이다. 불타 혼자만이 이 지(智)를 얻은 것이다. 「나에게는 어느 한 사람도 친구가 없다」. 불타는 스스로의 해탈을 알지만 「여하간 나는 사랑과 미움 속에서 허덕이는 사람들에게는 이것을 알리지 않으리라. 그들에게는 이러한 가르침이 가리워져 있는 것이다[14]」.

---

12) 결가부좌(結跏趺坐): 참선할 때 앉는 방법. 왼발을 오른 무릎에 놓고 오른발을 왼편에 포개어서 앉는 것을 말한다.
13) 카르마: 업(業)이다. 신(身)・구(口)・의(意)로 짓는 행위로써 그것이 원인이 되어 다른 생존의 형태를 낳는다. 불교에서는 업에 의해서 유전하는 존재의 양식을 여섯 가지로 보고 있다. 그것은 지옥・아귀(餓鬼)・축생・아수라・인(人)・천(天)이며 이를 육도(六道)・육취(六趣)라 함.
14) Mahāvagga Ⅰ.5.

그러나 불타는 그가 깨달은 대각(大覺)에 이처럼 혼자서만 즐기는 경지에 언제까지나 안주할 수는 없었다. 모든 중생들에 대한 연민의 정이 그를 잡는다. 마음은 별로 내키지 않지만 불타는 그의 교설을 세상에 펼 것을 결심한다. 그는 많은 것을 바라지는 않는다. 그의 설법이 비상한 성과를 얻은 뒤에도 바른 가르침은 오래 계속하지 않을 것이라고 예언한다. 그럼에도 불구하고 불타는 구제를 위한 전도(傳道)의 발걸음을 내디딘다. 「어두워져 가는 세상에서 나는 살아지지 않는 법고(法鼓 진리의 북)를 두들기리라」.

불타의 설교는, 베나레스에서 시작된다. 최초의 귀의자(歸依者)들이 그를 따른다. 그 후 40여년을 더 살면서 북인도 동부의 먼 나라들을 순방하면서 가르침을 편다. 이때 이후에는 정신적인 면에서 새로 부가될 것은 없다. 설법의 내용은 이미 완성된 가르침을 말할 뿐이며 비록 가르침에 변화가 있다 할지라도 그 기본은 바뀌지 않는다. 그런 까닭에 이 시기에 관해서 일괄적으로 말할 수가 있다. 불타의 활동은 설법·이야기·비유·잠언(箴言) 등을 통해서 이루어지고 있다. 여러 가지 문답·많은 장면과 상황, 그리고 개종(改宗)한 이야기 등이 전해지고 있다. 불타는 산스크리트15)를 쓰지 않고, 속어(俗語)를 쓰고 있다. 그의 사유의 방식은 구상적이지만, 인도 철학을 배우고 얻은 개념적 사유도 쓰고 있다.

그러나 이 위대한 역사적 활동에 있어서 결정적이었던 것은 엄격한 계율을 가진 승단(僧團)16)의 창설이다. 불교에 귀

---

15) 산스크리트(Sanskrit): 고대 인도의 언어로서 귀족어(貴族語)였다고 전해진다.

16) 승단(僧團): Saṅgha(僧伽). 「집단」, 「집회」, 「회의」를 의미하며 후에

의한 사람들은 고향도 직업도 가족도 버렸다. 그들은 가난을 참고 견디며 결혼도 하지 않았고 황색의 남루한 법복(法服)을 몸에 걸치고 머리를 깎아 사람들의 이목을 끄는 모습으로 먼 곳을 편력하였다. 이미 그들은 해탈을 통찰하는 견해에 도달했었기 때문에 이 세상에 있어서는 원하고 구함이 없었던 것이다. 그들은 걸식으로 연명했으며 발우(鉢盂)를 들고 마을을 지나칠 때 사람들은 그 곳에 먹을 것을 담아 주곤 하였다. 이러한 승단에는 처음부터 규율과 질서 지도와 감독이 있었다. 속인들까지도 승려가 되지 않은 채 여기에 참가하였다. 그들 가운데에는 국왕·호상(豪商)·귀족·이름 높은 기녀(妓女)들도 섞여있었다. 이러한 사람들은 모두 대단한 기부(寄付)를 하였다. 승단은 우기(雨期)에는 한 곳에 모여서 수행하였다. 또는 가르침을 받고자 하는 많은 사람들의 회합을 위해서 정사(精舍)나 저택을 갖게 되었다.

이 승단의 조직이 점차 광대해갈 때에 의외의 저항에 부딪치게 되었다. 「사람들은 불만을 품게 되었다. 수행자 고오타마는 자손을 단절시키고 과부를 만들고 종족의 몰락을 일으키기 위해 찾아온 것이다. 이렇게 많은 고귀한 젊은이들이 성스러운 생활을 보내기 위하여 수행자 고오타마 밑으로 간다17)」. 민중들은 승려들의 무리를 보면 그들을 조소하였다.

「야, 저기 까까머리 녀석들이 있다. 고양이처럼 가만히 명상하고 있다. 꼴사나운 위선자들이다」.

는 「수행하는 공동체」, 「화합승(和合僧)의 의미로 쓰였다. 부처님과 함께 수행한 적이 있고 나중에 초전법륜(初轉法輪)으로 최초의 불교도가 된 다섯 비구가 그 효시이며, 넓은 의미로는 출가자만을 뜻하는 것이 아니라 재가신도(在家信徒)까지를 포함한다.

17) Mahāvagga. Ⅰ. 24.

그러나 불타는 「다투지 말라」고 하는 근본신조를 내세운다. 「비구들이여, 나는 세간(世間)과 싸우지 않는다. 다만 세간이 나와 싸울 뿐이다. 비구들아 진리를 선양(宣揚)하는 사람은 세간의 그 어느 것과도 싸우지 않는다[18]」.

다툼은 정신의 무기에 의하여 논쟁으로 행해졌다. 불타가 나타났을 때, 그에 대항하는 단결된 정신적 세력이란 없었다. 베다(Veda)[19]의 종교에는 많은 분파가 있었고 고행단체나 수많은 철학자의 분파가 있었고, 거기에는 어떤 대답을 해도 모순에 빠지게 되어 있는 질문을 함으로써 사람들을 곤혹(困惑)시키는 궤변술이 행해지고 있었다.[20] 그러나 불타는 베다종교에서 볼 수 있는 희생(犧牲)제도를 물리쳤고, 또한 베다의 권위 그 자체까지도 부정하였기 때문에 그는 전통종교로부터의 철저한 단절을 성취하였던 것이다.

경전의 말씀들은 승려들이나 불타의 생활과 행(行)이 실제 어떤 것이었나 하는 것을 생생하게 묘사해 주고 있다. 3개월에 걸치는 우기(雨期)에는 정사(精舍)나 저택에서 비를 피해

---

18) SN Ⅲ. 138.
19) 베다(Veda) 고대인도의 성전으로 신에 대한 찬가 집성(集成)이다.
20) 당시의 인도사상계는 바라문(婆羅門) 중심적 베다권위적 사조가 점차 퇴색하고 자유로운 사색의 개화기였다. 우파니샤드의 사상가들은 사물에 내재된 근원적 힘으로 범(梵)[Brahmān]을 생각했고, 그것은 인간에게 내재된 형이상학적 실체인 자아(Ātman)와 동일한 것이라고 생각하였다. 그런 가운데 극심한 유물론·쾌락주의·도덕무용론자(道德無用論者)들이 등장하기도 하였다. 불교경전에는 그들을 외도(外道)라고 불렀는데 무려 62에 달하는 외도가 있었다고 한다. 당시 사상계의 공통된 흐름은 「인과율(因果律)은 존재하는가?」, 「내세(來世)가 있는가」, 「우주는 상(常)인가?」등의 형이상학적 관심에 쏠린 것이 대부분이었다. 졸저(拙著) 인도철학사상사(印度哲學思想史) 「도시의 발달과 자유로운 사색의 개화(開花)」참조.

머물지 않으면 안 되었다. 강당이나 식량을 저축하는 창고, 그리고 연못이 있었다. 우기(雨期)이외의 기간동안은 유행(遊行)하면서 지냈다. 신도들의 집에 유숙하거나, 때로는 노숙하기도 하였다. 승려들이 집단적으로 모였을 때는 대단히 시끄러운 적도 있었다. 고요한 것을 좋아한 불타가 나오면 여러 번 조용히 하도록 주의를 받는다. 국왕이나 상인이나 귀족은 수레나 코끼리를 타고 부처님과 그 제자들을 만나기 위해 찾아 왔다. 불타 자신도 매일매일 걸식을 하러 나갔다. 「발우를 손에 들고 집집마다 다니면서 구걸하는 말을 입 밖에 내지 않고 눈을 내려 감고 서서 다만 묵묵히 한줌의 먹을 것이 그의 발우에 주어지기를 기다렸다」. 유행(遊行) 중에는 불타의 주변을 항상 많은 제자들이 둘러싸고 있었다. 속인(俗人)의 귀의자(歸依者)들은 수레와 식량을 가지고 그 행렬의 뒤를 따랐다.

불타의 죽음과 그 전의 최후시기의 일들은 잘 기억되고 있다. 불타가 돌아가신 연대, 즉 서력기원전 480년은 확실한 것이리라고 간주되고 있다. 부처님의 최후의 유행(遊行)은 정확히 묘사되어져 있다. 불타는 극심한 통증을 수반한 심한 병세를 극복하고 좀 더 세상에 머무실 것을 결심하였다. 그러나 그는 이러한 의지를 포기하였다.

「지금으로부터 석 달 후, 여래(如來 Tathāgāta)는 열반에 들리라21)」. 그는 여행을 계속하면서 사랑하는 벳살리의 도읍을 뒤돌아본다. 그들이 어떤 숲 속에 들어가 그는 다음과 같은 말씀을 남겼다. 「사라쌍수 속에 누울 자리를 만들라. 내 머리를 북쪽으로 향하게 해다오, 아난다여, 나는 피곤하구나22)」. 그리

---

21) DN Ⅱ. 106, 119, 120 등.
22) DN Ⅱ. 137.

고 불타는 마치 사자의 왕과 같이 몸을 옆으로 누웠다. 불타는 마지막 말씀을 하신다. 그 위로 꽃이 비 오듯 뿌려지고, 이 세상 것이 아닌 음악이 하늘에서 들려온다. 그러나 그보다도 그에게 적합한 것은 특이한 숭배법이다. 「내 가르침을 성취하는 제자야말로 여래를 가장 존중하는 사람일 것이니라23)」.

한 제자가 우는 것을 보고 불타는 말한다. 「아난다여 그만 멈추어라, 슬퍼하지 말아라, 한탄하지 말아라, 아난다여, 내가 이미 말하지 않았던가. 모든 사랑하는 것들과는 헤어져야만 하는 것이 정한 이치이다. 태어나 형성되어서 무상(無常)하게끔 되어 있는 것치고 어떻게 사라지지 않을 수가 있단 말인가?24)」

제자들은 불타의 죽음으로 말미암아 말을 자유자재로 구사하는 사람을 잃고 말았다고 생각한다. 「너희들은 그렇게 생각해서는 안 된다. 내가 너희들에게 준 가르침과 규율이 내 사후(死後)에는 너희들의 스승이 될 것이다25)」. 「여래는 제자의 대중들을 지배하려고는 생각하지 않는다. 나는 벌써 늙고 쇠약해졌다. 나는 이제 여든 살이 되었다. 그런 까닭에 오 아난다여. 다만 너희들은 자신을 등불로 삼고 스스로를 의지처로 하여라」. 진리(법)를 등불로 삼고 진리를 의지처로 하여라.26)」 부처님의 최후의 말씀은 이러했다. 「모든 형태가 있는 것은 무상하다. 태만하지 말고 노력하여라27)」. 이리하여 불타는 명상의 각 단계를 차례차례로 올라가 열반에 들었던 것이다.

---

23) DN Ⅱ. 138.
24) DN Ⅱ. 144.
25) DN Ⅱ. 154.
26) DN Ⅱ. 100.
27) DN Ⅱ. 156.

제2장 교법(敎法)과 명상(冥想)

불타의 가르침은 예지에 의해서 해탈하는 것을 목표로 한다. 올바른 지식 그 자체가 이미 구제인 것이다. 그러나 그와 같은 구제를 가져오는 지식의 유래와 방법은 우리들에게 친숙한 지식의 개념과는 전혀 다른 것이다. 이 지식은 논리적인 사고과정이나 감관(感官)의 직관에 의해서 증명되는 것이 아니라 의식의 여러 가지 변화와 명상의 여러 단계에 있어서의 경험에 관계된다. 불타는 이와 같은 명상에 의해서 보리수 아래서 대각(大覺)을 얻은 것이다. 후에 설명된 가르침은 모두 명상에 잠기는 것을 통해서만 발견된 것이었다. 불타는 인도의 요가행자28)들이 모두 그랬던 것과 마찬가지로 명상상태에서 경험을 초월한 유래를 가진 여러 존재(存在)나 여러 세계(世界)들과, 자기가 결부되는 것을 알고 있었다. 이러한 상태 속에서 불타는 신적(神的)인 명석한 초감각적인 눈으로써29)」 사물을 통찰한 것이다.

과학이나 철학적 사색은 우리들에게 주어진 의식의 형태 속에 머문다. 그러나 인도의 철학은 이를테면 이 의식 자체를 손아귀에 쥐고, 명상을 닦음으로써 이것을 초월하고, 한층 더

---

28) 요가의 수행법은 불교의 명상수행과 서로 흡사한 점이 많다. 그것은 상호 영향을 끼쳤음을 시사하는 일일 것이다. 요가수해자들은 「심작용(心作用)의 지멸(止滅)」을 통해 궁극의 해탈을 얻는 것임을 강조한다. 그들의 실수법(實修法)으로는 제계(制戒)(yama), 내제(內制) [niyama], 좌법(坐法)[āsana] 조식(調息)[prāṇa-yāna], 제감(制感)[pratyā-hāhāra], 총지(總持)[Dhāraṇi], 삼매(Samādhi), 정려(靜慮)[Dhyāna]의 여덟 가지 실천방법이 있다.

29) DN Ⅱ. p.87.

높은 형식에 도달하는 것이다. 의식은 명상에의 침잠(沈潛)의 조작에 의하여 가공되고 가변량(可變量)이 된다. 이 조작에 의하여 합리적 사유나 시간·공간과의 결부도 또한—단순한 의식단계이므로—상승적인 계열을 이루는 초의식의 초월적 의식경험에 의해서 극복되지 않으면 안 된다.

생존의 근본문제는 합리적인 언어표현에 비로소 의의와 권리를 부여하는 한층 더 깊은 근원에서부터 대답되지 않으면 안 된다. 따라서 불타가 분명히 하려 하는 것은 쉽게 입으로 말할 수 있거나 추상적으로 쉽게 생각될 수 있는 교조(敎條)에 있어서는 상실되고 있는 것이다. 「이 가르침은 깊고, 관찰하기 어려우며 회득(會得)하기 어렵고, 평안으로 가득 차 있고, 엄청 나게 훌륭하여, 단순한 사념(思念)에 의해서는 붙잡을 수 없으며, 미묘하며, 다만 지혜로운 사람만이 이것을 배워서 얻을 수 있다[30]」.

그런데 또 이와 같은 통찰의 견지에서 말한다면, 일상적인 의식에 있어서 행하여지는 철학적 사유의 진리도 명상에서 체험되는 경험의 진리도, 그 어느 것이나 도덕적 행위에 있어서 생활 전체를 정화(淨化)하는 것과 결부되어 있다. 오류는 다만 사유작용에 의해서 극복되어지는 것이 아니고, 또한 의식을 변화시키는 기술로써 극복되는 것도 아니다. 어느 경우에나 심리의 정화(淨化)에 의해서 비로소 성취되는 것이다.

이와 같이 언어로 표현할 수 있는 어떠한 지식내용으로도 될 수 없는 포괄자 속에 이 가르침이 편입되어 있는 것은≪불타가 가르치는 것이 인식의 체계가 아니라 구제의 길이다≫라는 명

---

30) Vin Mahāvagga. Ⅰ. 5, 2 p.4 MN Ⅰ. p.167.

제로써 표현된다. 내부에 인식과 그리고 약간의 인식의 방법도 포함하고 있는 이 구제의 길을 걸어감으로써 신앙자는 목표에 도달하는 것이지만 그것은 원래 논리적인 조작에 의하는 것이 아니다. 오히려 논리적인 조작은 이 길의 어떤 단계에 있어서만 하나의 의의를 갖는데 불과하다.

이 구제의 길은 여덟 가지로 구분되는 고귀한 길(八正道)이며, 올바른 견해(正見), 올바른 결의(正思), 올바른 말(正語), 올바른 행위(正業), 올바른 생활(正命), 올바른 노력(正精進), 올바른 사고(正念), 올바른 명상(正定)이 그것이다. 이 도는 또 다른 관련 하에서 다음과 같이 보다 선명하고, 동시에 확장된 형식으로 되어 있다. 전 단계(前段階), 즉 전제는 올바른 신앙상의 견해, 즉 고(苦)와 고(苦)의 제거에 관한 아직 불명료한 지식이다. 이 신념은 해탈의 길의 마지막에 이르러서 비로소, 모든 존재와 관련해서 고(苦)가 발생하며, 또 제거된다고 하는 명석한 통찰로써 인식이 된다. 이러한 신념에 입각해서 도는 4분(四分)이 된다. 즉 사고와 말과 행동에 있어서의 올바른 태도(戒) 명상의 각 단계를 올라감으로써 얻어지는 올바른 침잠(定) 각지(慧), 구제(解脫)이다. 구제는 지혜에 의해서 얻어지며, 각지(覺智)는 명상에 의해 얻어지고, 그리고 명상은 올바른 생활에 의해서 가능해지는 것이다.

그런데 이 구제의 길의 통일적인 존재방식은 정말로 교법에 적합한 정착(定着)의 일 형태인 것이다. 불타가 설하는 진리는 일상적인 의식상태에서 행하여지는 사유를 소홀히 하고, 다만 명상의 내용에만 기본을 두는 것은 아니다. 오성(悟性)은 극복되어 지기는 하지만 배척되지는 않는다. 오성(悟性)의 극복에 있어서 경험되는 것을 전달하려고 할 때는 즉시 오성이 쓰여지는 것이다.

불타가 말하는 진리는 사변적(思辨的)인 사유의 형식을 취해서 표명되는 것이기는 하지만, 그렇다고 해서 이것을 다만 사변적(思辨的)인 사유에만 근거하게 하는 것도 또한 올바르지 못한 것이다. 그리고 또한 불타가 말하는 진리는 승려의 생활태도에 있어서 결정되어지는 것도 아니다. 명상·오성(悟性)·철학적 사색·승려로서의 태도, 이러한 모든 계기들은 각각 독단적인 성격을 가지고 있고 일의적(一義的)으로 한쪽이 다른 것을 기초로 하여 성립되어 있는 것이 아니며, 동시에 서로 병립해서 작동(作動)하는 것이다. 그것은 모든 인도적 사유에서 볼 수 있는 여러 가지의 요가형식(체력의 훈련·도덕적 행위의 방법, 인식의 고양(高揚)·신애31)[信愛·Bhakti], 명상 중의 의식의 여러 가지 변화에 있어서 침잠(沈潛)하는 방법 등과 같은 것이다.

명상의 여러 단계가 포함하고 있는 내용과 보통의 의식으로도 이해할 수 있는 사상과의 관계, 혹은 의식상태를 조작할 때의 경험과 사유된 것을 조작할 때의 경험과의 관계는 분명하지 않다. 그러나 예를 들면 세계의 제 단계에 관한 불타의 가르침이 각각 하나의 새로운 초감각적인 세계가 출현하는 명상의 여러 단계의 경험 속에 그것과 대비되는 것을 가지고 있음을 알 수 있다. 어떤 현실을 초극(超克)하기 위해 이것을 도외시하는 사유과정은 그 자체로서 형식적으로 이와 같은—명상의—경험도 없이 수행되어 지는 것이다. 논리적인 사고는 유한

---

31) 신애(信愛)·경애(敬愛)·애신(愛信)·성신(誠信)·경신(敬信)의 뜻. 불교에서는 이것을 신(信)이라고 하며, 문신(聞信)[Śraddhā], 정신(淨信)[Prasāda], 해신(解信)[adhimukti]의 세 종류가 있다.

한 것에의 속박에서 벗어남으로서 그 자리를 만든다. 그러나 진리내용을 새겨 넣고 그것을 확고하게 하고, 그것을 전혀 의심할 여지가 없는 것으로 하는 것은 명상에 의해서 비로소 성취된다. 이 경우에 어떤 한쪽이 근본적이고, 다른 한쪽은 그 결과에 불과하다고 주장하는 것은 옳지 못한 일일 것이다. 양자는 서로 보증하고 서로 증명하고 있다. 양자는 각각 그 나름대로의 방법으로 서로를 단련하고 있다고 할 수 있다.

세계에 있어서, 명상에 있어서도, 생활태도에 있어서 목표를 세우고, 그것을 성취하는 것은 언제나 인간의 의지라는 것, 이것이 결정적인 점이다. 인간은 행동·행위·명상·사유를 위한 고유의 힘을 가지고 있다. 그는 노력하고 분투한다. 그는 마치 산을 올라가는 사람과 같다. 그러기에 불타는 언제나 노력하며 쉬지 말 것을 당부하는 것이다. 모든 힘을 여기에 주입하지 않으면 안 된다. 그러나 이렇게 시도하는 사람이 모두 목표에 도달한다고는 할 수 없다. 물론 의지의 긴장 없이 근원적인 대각(大覺)에 도달하는 아주 드문 예외의 경우도 약간 있다. 가르침을 설하는 불타, 그 자신으로부터 감명을 받을 때는 특히 그러하다. 그때 목표는 돌연히 달성이 된다. 다음으로는 이 세상에서 반복되어지고 더욱 명확해져 가는 것뿐이다.

불타 및 불교에서 설명하는 명상의 성격을 아래에 간단히 말하여 둔다. 분류의 방법이 여러 가지 있기 때문에 명상의 단계의 수는 일정하지 않지만, 각 단계에 있어서의 명상의 방법 및 경험에 관한 서술은 인도의 요가의 경우와 마찬가지로 불교에서도 거의 일치하고 있다.

명상은 단지 그것으로 이루어질 수 있는 기술 같은 것은 아니다. 어떤 의식상태를 환기하고 다른 의식상태를 소멸시키는 식으로 자기의 의식상태를 조직화하여 자유로 처리하는 것은 위험하다. 올바른 전개도 없이 이것을 시도하는 사람은 스스로를 망친다. 이 전제란 생활태도 전체, 그 청결함이다. 이러한 생활태도에 있어서 하나의 주된 계기는 『각성한 사려(思慮)』—이다. 이것은 명상 속에 존속하고, 명상에 의해서 가장 광범위하게 퍼진다. 이 『의식성』은 자체적인 것 속에 침투하고, 무의식을 파헤쳐서 그 가장 심오한 숨은 곳에까지 빛을 비친다. 그것은 어떤 경우에도 생활태도의 원리이며, 또한 사색의 원리이기도 하다. 즉 근저(根底)에까지 이르는 밝음이다. 명상의 제 단계는 예컨대 마취제나 아편에 의한 것 같은 흥분, 엑스타지, 이상한 상태의 향유(享有)가 아니며, 가장 명확한 인식이며, 어떤 무엇을 단순히 사념하는 것이 아니며, 무엇인가가 현전(現前)하는 인식이기 때문에 명석한 면에 있어서 일체의 통상적 의식을 능가하는 인식이 아니면 안 된다. 어떤 것이던 무의식속에 잠재시키지 않고, 그 화(禍)에 충만한 작용을 일어나게 하는 것, 우리들이 행하고 경험하고 있는 모든 것들에 대해 가장 각성된 의식을 동반시키는 것, 이것이 일체를 포괄하는 요구이다.

따라서 가장 심원한 것을 사유하는데 있어서도, 일상의 일체의 행동이나 말에 있어서도 진실성이라는 것(不妄語)이 불타의 승려들에 대한 근본적인 요구였다. 그들의 계율은, 또다시 순결할 것(不邪淫), 주류(酒類)를 멀리할 것(不飮酒), 훔치지 말 것(不偸盜), 생물을 해치지 않을 것(不殺生) 등을 요구한다.32) 그러나 또 네 가지의 정신적인 태도도 들고 있다. 자(慈)·비(悲)·희(喜)·사(捨)33)가 바로 그것이다. 이 네 가지의 헤아릴 수 없는 마음(四無量心)은 명상을 통해서 무한히 전개된다. 끝없는 부드러움, 사납지 않을 것, 짐승까지도 끌어들이고 그 거친 습성을 부드럽게 하는 이상한 힘, 연민의 정, 인간들만이 아니라 짐승들이나 신들에게까지도 친근하게 향해 가는 분위기, 이러한 모든 것들은 이 [헤아릴 수 없는] 존재들이 만들어내는 분위기이다.

경전은 기적이나 신통력의 설화로 가득 차 있다. 그런 것은 다른 경우와도 마찬가지로 여기서도 이런 종류의 신비주의 사상과 결부되어 있는 것이다. 그러나 불타는 말한다.

「사람들을 올바른 믿음, 마음의 정화(戒)로 인도하는 자, 스스로 명상에 침잠(沈潛)하는 자(定) 깨달음(慧), 그리고 해탈에 도달하는 자야말로 정말 기적을 행하는 자이다34)」.

이에 반해서 자기의 모습을 갖가지로 바꾼다던지 공중을

---

32) 오계(五戒)[Pañca Sila]는 출가 재가를 막론하고 공통적이고 원칙적으로 요구되는 계율이다. ⓐ 불살생(不殺生) ⓑ 불투도(不偸盜) ⓒ 불사음(不邪淫) ⓓ 불망어(不妄語) ⓔ 불음주(不飮酒)의 다섯이다. 출가사문으로서 가장 엄한 죄는 바라이(波羅夷)[Parajika]로서 이것을 어기면 교단에서 추방되었다. 원시불교 때에는 ⓐ 음(淫) ⓑ 도(盜) ⓒ 살(殺) ⓓ 망어(妄語)의 네 종류였고 소승과 대승의 사바라이(四波羅夷)는 상이(相異)하다.

33) 자(慈)·비(悲)·희(喜)·사(捨) 네 가지 헤아릴 수 없는 마음(四無量心)이다. 자(慈 Maitri)는 남에게 기쁨을 주는 것, 비(悲 Karuṇa)는 남의 고통을 가엾게 여겨 제거해 주는 것. 희(喜 Mudita)는 남의 기쁨을 같이 기뻐하는 것, 사(捨 Upekṣa)는 일체의 삿된 것을 버림으로서 마음의 평안을 얻는 것, 특히 이 네 가지 헤아릴 수 없는 마음은 평등(平等)을 기초로 한다. 또 四무량심은 사범행(四梵行)·사범당(四梵堂)이라고도 한다. 무량한 중생을 건지려는 보살의 서원과 실천행을 가리킨다. 이 네 가지는 선정(禪定)에 의해 수습해야 할 <이타(利他)의 마음>이며, 그것을 위해서 중생에게 무량한 복을 가져다 주고 스스로도 천상의 세계에 태어난다고 했다.

34) DN. Ⅱ. p.122.

날아다닌다던지, 물 위를 걷는다던지, 다른 사람의 생각을 미
리 맞추어 낸다던지 하는 것은 거짓 신심가(信心家)나, 술사
(術士)들에게서 한결같이 볼 수 있는 바이다.

제3장 교 설(敎說)

불타의 가르침은 가운데에서 모든 명제나 합리적인 사고과
정을 이루고 평범한 의식으로도 알 수 있게끔 표현된 하나의
의식으로서도 설명되고 있다. 물론 이러한 인식의 현저한 특
징은 제고(提高)된 의식상태의 (명상에의) 침잠(沈潛) 속에서,
이 의식의 근원에 접하는 점에 있다는 것은 변함이 없지만,
완전한 자기소멸(自己消滅)[35]이라는 출세간(出世間)적인 경지
에 있어서 대각(大覺)의 확신이 생겼을 경우에도 이 확신의
내용은 일상적인 의식상태에 있는 사유에 의해서도 파악될
수 있는 것처럼 생각된다. 불타에게 있어서는 초감각적인 경
험을 대신해서 개념적인 가르침의 설명방법이 전개된다. 설법
에는 개념을 사용한다던지, 추상화한다던지, 열거하거나 결합

---

35) 자기소멸(自己消滅): 무아(無我)[Anātman, nirātman]는 절대적 자아
   의 실재를 부정하는 표현이다. 위에서 설명된 사제(四諦), 팔정도
   (八正道)·십이인연(十二因緣) 등의 교설은 모두 이 무아를 강조한
   다. 여기에서 설명되지 않은 근본교리로서 삼법인(三法印) [일체개
   고(一切皆苦)를 넣을 경우 四法印이 된다]이 있는데 그것은 제행무
   상(諸行無常)·열반적정(捏槃寂靜)이다. 제행무상이 외적 시간적 영
   원성의 부정이라면 제법무아는 내적 공간적 실재(實在)의 부정이
   다. 그 도리를 깨닫고 실천할 때 열반적정인 것이지, 그것을 모를
   때는 일체개고인 것이다. 무아(無我)이기에 공(空)이고, 공이기에
   중도인 것이다.

한다던지 하는 것을 즐기고 있는 듯한 희열이 느껴지고 있다.
이것은 지극히 인도의 철학적인 전통에 속하는 것이며 또 그
것에 의존한 것이기도 하다. 그러나 불타의 가르침이 초감각
적인 것에 의존하지 않고도 파악될 수 있는 것이라고 한다면,
그것은 아무래도 별 효과가 없는 것이다. 사유가 우리들의 유
한한 의식에 의한 합리적인 사유인 한, 그것은 그 참된 내용
을 수용할 수 있는 용기(容器)는 되지 못한다. 가르침의 핵심,
그 참된 내용은 저 명상에 침잠해 들어가는 사유에 대해서
비로소 현전(現前)한다. 합리적인 파악이란 이러한 사유의 반
조(反照)에 불과하며 이러한 사유를 지시하는 것밖에는 되지
못한다. 그렇기 때문에 지금 우리들이-부처님이 말하는-이
인식을 합리적으로 단순화하고 추구(追求)하는 고찰에 의해
받아들이는 데는, 그 근원과의 관련을 잊어서는 안 된다.

(1) 생존의 해명

불타의 『생존관(生存觀)』은 「고(苦)의 진리」 속에 표현되어
있다.

「이것이 고(苦)에 관한 진리이다(苦諦)-태어남은 괴로움이
며(生苦), 늙음도 괴로움이다(老苦). 병드는 것도 괴로움이며(病
苦), 죽는 것도 괴로움이다(死苦),……원한 있는 자와 만나지
않으면 안 되는 것도 괴로움이요(怨憎會苦), 욕구가 달성되지
않는 것도 괴로움이다(求不取苦)36)」.

「이것이 고(苦)의 원인에 관한 진리(集諦)이다. 그것은 쾌락
과 탐욕을 동반하고 <다시 태어나는 것>으로-인도하는 갈망

---

36) Mahāvagga Ⅰ. 6, 19.

을 말한다. 그것은 쾌락의 갈망(欲愛), 생성의 갈망(有愛), 무상의 갈애(渴愛無有愛)이다37)」.

「이것이 고의 멸(滅)에 관한 진리이다(滅諦), 그것은 욕망(渴愛)을 버리고, 욕망을 끊고 욕망에서부터 떨어져, 욕망에게 여지를 주지 않고, 그렇게 함으로써 욕망을 단절하고, 이 갈애(渴愛)를 없애는 것이다38)」.

「이것이 고(苦)의 멸(滅)에 이르는 길에 관한 진리이다(道諦), 그것은 여덟 가지의 고귀한 길(八正道)이다39)」.

이러한 통찰은 개개의 생존의 사실을 관찰함으로서 생기는 것이 아니라, 전체를 직관함으로써 얻어지는 것이다. 이 통찰에는 염세적이라는 느낌이 없다. 그것은 일체를 포괄하는 「고(苦)」를 선명하게 보는 통찰인 것이다. 이 통찰 그 자체는 밝고 맑은 느낌 가운데에서 성취된다. 왜냐하면 지혜에 의해서만 해탈이 생기기 때문이다. 이 통찰은 끊임없이 차례차례로 변화해 가는 생존의 상태를, 평정(平靜)한 가운데에서 표현할 수 있다.

「모든 것은 불타고 있다. 눈(眼)이 타고 있다. 눈에 비치는 가지각색의 것도……그것은 무엇에 의하여 타고 있는 것일

---

37) ibid. Ⅰ. 6, 20.
38) ibid. Ⅰ. 6, 21.
39) ibid. Ⅰ. 6, 21 사제(四諦) 팔정도(八正道)를 의사가 병자를 진단하고 병의 원인과 치료를 말하는 것과 같다고 주장하였다. (Jolly madizin S, 14~16) 中村元도 이것을 가리켜 의학의 유형을 따온 표본이라고 지적한 바 있다. (インド的 思惟 p.171~3) 일반적으로도 이 사제·팔정도의 교리는 의사가 병자를 치료하는 것에 비유되어 해석하고 있다. 경전의 인용을 보면 다음과 같다. 「有四法成就 名曰大醫王者所應 王之見王之分 何等爲四, 一者善知病 二者 善知病源 三者 善知病對治 四者 善知治病」(水野弘元 原始佛敎 p.181 참조).

까? 욕망의 불에 의해, 증오의 불에 의해, 태어나는 것, 늙는 것, 죽는 것, 슬픔, 비탄, 고뇌, 우수(憂愁), 그리고 절망에 의해 타는 것이라고 나는 말하고 싶다[40]」.

그러나 결국 모든 살아있는 것과 마찬가지로 인간들이 자기가 집착하는 것에 의해서 또 결코 존재함이 없이 끊임없이 거래하며, 아주 무상하고 부단(不斷)한 생성 속에 있는 것에 의해서 속임을 당하며 맹목과 무명(無明)의 경지에 머무는 것이 그 원인인 것이다.

따라서 단 하나의 해탈의 길이 있을 뿐이다. 즉 지혜에 의하여 무명(無明)을 끊는 것이다. 그러나 개개의 것에 있어서 어느 곳에서나 각지(覺智)에 의해 무엇인가가 되는 것은 아니다. 구제를 가져 올 수 있는 것이다. 구제란 사물에의 집착을 벗어나고 일체의 무익(無益)한 욕구의 대상에서 떨어져서 이러한 생존전체의 상태·기원·멸각(滅却)을 동찰하는 데에 있다. 무명(無明) 그 자체, 맹목, 유한한 것에 속박되어 있는 것, 그리고 집착이 이와 같은 생존의 기원이며, 지혜의 완성이란 이러한 생존의 멸각(滅却)이다.

(2) 연기(緣起)

그런데 무명에 의해서 괴로움에 찬 생존이 시작되는 것이지만 지혜에 의해서 그것이 다시 소멸된다는 이와 같은 인과(因果)관계는 소위 「열두 가지의 인과(因果)형식十二緣起」이라고 하는 것 가운데에서 표현되어지는 원인과 결과의 관련으로써 상세히 고찰되어 있다.

---

40) Mahāvagga. Ⅰ. 21.

「무명(無明)에서 형성(行)이 생기고, 형성에서 의식(識)이 생기고, 의식에서 이름과 모양(名色)이 생기고, 이름과 모양에서 여섯 개의 감각영역(六處), 혹은 六入이 생기고 여섯 개의 감각영역에서 접촉(觸)이 생기고, 접촉에서 감각(受)이 생기고, 감각에서 갈애(愛)가 생기고, 갈애(渴愛)에서 파악(取)이 생기고, 파악에서 생성(有)이 생기고, 생성에서 태어남(生)이 생기고, 태어남에서 늙음과 죽음(老死), 슬픔과 비탄 고뇌 우수 그리고 절망이 생긴다41)」.

열두 가지로 구성되는 이와 같은 인과(因果)적 연쇄는 우리들에게 매우 소원(疏遠)한 느낌이 든다. 세계가 형성되어져 가는 우주적인 과정이 여기에서 문제되는 것은 아니다. 다만 괴로움이 가득 찬 윤회라는 순환만이 문제인 것이다. 병과 늙음과 죽음은 구원될 여지가 없다. 이런 것들이 있기 위해서는 무엇이―원인으로서―있지 않으면 안 되는가? 그것은 태어남이다. 그러면 태어남은 무엇에 의해 생기는가·생성에 의해서 이렇게 하여 마침내 제1의 원인, 무명에 이르는 것이다. 이 기원 즉 무명에서 거꾸로 계열을 끝까지 더듬어 갈 수도 있다. 그러한 경우에는 무명에서 형성(行) 즉 생명의 집을 짓는 무의식적인 형성력이 나온다. 이 형성력은 그것에 앞서는 생명(前生)에서 유래하고, 지금 당하고 있는 생(現世)의 한가운데에서 먼저 의식을 생겨나게 한다. 이 의식은 다시 다섯 개의 감각영역으로 나누어지지만 이 오감(五感)의 힘에 의해 모든 것을 이름과 형태(名色)에서 보는 것이다. 계속해서 접촉이 생겨나게 한다. 이 의식은 다시 다섯 개의 감각영역으로 나뉘어 지

---

41) ibid., p.1.

지만 이 오감(五感)의 힘에 의해 모는 것을 이름과 형태(名色)에서 보는 것이다. 계속해서 접촉이 생겨나고, 거기에서 감각이 생기고 또 거기에서 욕구와 파악이 생긴다. 이 파악은 다시 미래를 향해서-(業)으로서-생성의 원인이 되고, 생성은 새로운 태어남·늙음 그리고 죽음으로 인도한다. 이것이 불타의 가르침이다. 이러한 가르침에 관해서는 다음과 같이 쓰여져 있다.

「하나의 원인에서 모든 진리가 생겨난다. 그 원인을 완성한 사람(如來)은 가르친다. 그리고 또 그러한 진리가 어떠한 종말을 가져오는가도[42]」.

모든 존재하는 것은, 어떤 조건에 의해서 생긴 것(緣起)이다.

원인의 계열과 궁극의 원인을 인식하면 이 무서운 환상의 전체를 제거할 수 있다. 무명이 소멸되면 그 결과, 무명에 의해서 생겨난 인과계열(因果系列)도 또한, 여러 갈래의 순서에 따라 소멸하는 것이다.

이 가르침에 있어서는 깨달음이 모든 구제의 기초가 되는 의미를 가진다는 것이 객관적으로 표시되어 있다. 이러한 의식자체는 무엇에 대한 지식이 아니며 하나의 활동, 전체적인 활동인 것이다. 그것은 구제 없는 생존을 소멸하는 것과 같다. 그렇다고 해서 자살에 의해서 구제 없는 생존이 해소되는 것은 아니다. 그러한 행위를 하면 여전히 구제 없는 생존이 새로운 재생 속에 존속하고, 새로운 고(苦)와 죽음을 받는데 불과하게 될 것이다. 그것은 다만 지혜에서만, 그리고 다만 지혜와 더불어서만 끝나는 것이다.

---

42) ibid., Ⅰ. 23, 5.

화(禍) 많은 다른 모든 단계의 근원인 제1의 무명은 어디에서 생기는가라고 하는 질문은 제기되지 않는다. 그것은 마치 유태기독교의 인간의 타죄(墮罪)와 유사한 듯이 생각되어지는 점이지만 시간이 생기기 이전의 구원한 완성상태에서 무명으로 떨어졌다는 것에 관해서는 아무런 논구(論究)도 되어져 있지 않다. 그러나 계열을 따라서 질문해 들어가는 표상적 사유는 이것을 구제 없는 상태가 그와 함께 현출(現出)하는 하나의 사건으로서 고찰되어져야 하는 것이라고 생각된다. 그런데 불교는 실제로 이 점에서 논구(論究)가 정지되어 있다. 이러한 인식에 대해서 해탈의 확신이 생겼다는 것만으로서 충분한 것이다. 저 무명에의 전락이라는 사건은 어떤 것에 의해서 생겨났건, 여하튼 죄로서는 파악되고 있지 않다. 도대체 누가 죄 있다고 말할 수 있을 것인가?

(3) 무아(無我)

다시 다음과 같은 질문이 나올 수 있다. 이 「누구」란 무엇인가? 아(我)란 무엇인가? 나는 누구인가? 일반적 의미에서 자아(自我)란 과연 존재하는가? 이러한 물음에 대해 부처님은 놀랄만한 답변을 하고 있다. 그는 자아를 부정한다.

이 설(無我說)은 간명하게 표현하면 다음과 같다. 즉 아(我)라는 것은 없다. 생존은 인과계열(因果系列)의 여러 단계에 나타나는 요소로 완성되어져 있다. 즉 다섯 개의 감관(感官)과 그 대상(有形性)·感覺·知覺, 그리고 소질·충동·생명력의 조형적인 힘 등의 속에 작용하는 무의식적인 형성력(行), 그리고 마지막에 의식, 이러한 요소는 죽음에 이르러 해체된다. 그것들은 통일점, 혹은 중심점으로서 아(我)를 가지고 있지 않고, 윤회에 있어서 새로운 일시적 결합을 만들어내는 업(業)을 가지고 있는데 불과하다.

그러나 이렇게 간명(簡明)하게 표현할 경우에는 다른 맥락에 있어서 같은 개념으로 표현되고 있는 의미가 덮어져 버린다. 그 [맥락이 다른] 경우 불타는 자아를 부정하고 있지는 않다. 단지 그가 나타내고자 하는 것은 어떠한 사유도 『본래적인 자아』에까지 도달하지 못한다는 것이다.

「유형성(有形性)은 자아가 아니다. 감각은 자아가 아니다. 표현도, 자아도, 무의식적인 형성력도 모두 다 자아는 아니다. 인식도 순수한 정신적 의식도 자아가 아니다.—고정불변(固定不變)한 실체(實體)로서의 자아(自我)는 없다—변화를 면치 못하는 것, 그것은 나의 것은 아니다. 나는 그것이 아니다. 그것은 나의 자아가 아니다43)」. 이 경우에는 확실히 아(我)가 아닌 것이 진실 된 자아를 기준으로 하여 생각되어지고 있다. 이 진실아(眞實我)의 문제는 미해결로 남아 있다. 그러나 진실아(眞實我)가 존재하는 방향은 표시되어져 있다. 진실아(眞實我)는 그 자체로서 단적으로 생각되어지는 일은 없다. 그것은 열반 (Nirvāṇa)과 일치하는 것이 아니면 안 된다.

명상의 단계에서 나와 이것을 전할 때 아(我)의 세 단계가 설명되어 있다. 첫째는 우리들 육체로서의 아(我), 둘째로는 정신적인 아(我), 이것은 명상에 의해서 형체 있는 육체에서 「마치 나무가지가 본 줄기에서 나오듯이」 유출되는 것이며, 초감각적인 형태의 영역에 속한다. 세 번째는 『형체를 갖지 않는 의식으로 된 아(我)』로서 이것은 무한한 허공에 속해 있

---

43) ibid., Ⅰ. 6, 38.

다. 여기에서 어느 아(我)도 하나의 명상단계에 속해 있는 것은 명백한 사실이다. 아(我)는 이 각각의 아(我)에 대해서 타당하지만 그 자체로서 존재하는 일이란 없다. 본래적인 것으로서의 아(我)란 없다. 감각적인 생존에 있어서는 육체가 자아이다. 명상의 최초단계에 있어서는 정신적이며 형체를 갖지 않지만 그러나 기(氣)와 같은 체를 가진 자아가 형성(形性)되고, 그 이전의 자아는 실재성을 상실하고, 소멸하고 만다. 이 정신적인 자아 그것도 한층 더 높은 영역에서는 다시 무(無)로 돌아간다. 명상에 있어서도 자아는 부정되지 않고 도리어 상대적으로 따라서 여러 가지 단계에 있어서 명확해지는 것이다. 본래적인 자아가 달성되는 것은 오직 열반과 일치하는 최초의 단계에서만 가능한 일이다.

이와 같이 이 가르침에 의하면, 자아 그것이 무엇인가 하는 문제는 말할 수 없는 것이다. 그러나 말하지 않는다면 다음과 같은 질문이 제기될 수 있다. 해탈의 과보는 누구에게 주어지는가? 구제를 맡는 것은 누구인가? 구제를 얻는 것은 자아도 아니며, 나도 아니며, 개개의 인간도 아니지 않는가?

경전 가운데는 다음과 같은 긴장이 남는다. 즉 생각되어진 것을 객관화할 때, 「자아는 없다」라는 명제와 「전생(前生)에 있어서 나는 이러이러한 것이었었다」라는 명제와의 사이에 있는 긴장이다. 재생을 거듭하는 생존을 연결시키는 끈은, 때로는 비개인적인 업(業)이라고 한다. 이것은 그때마다 하나의 사실로서 생이 있는 것의 생존을 새로 발생시키는 것이다. 그러나 또 이 끈은 때에 따라서는 상기(想起)라고도 말하여진다. 이 상기(想起)에 의해서 현재의 생존은 자기의 전생의 생존을 자기와 동일한 것으로 인정하는 것이다.

(4) 무엇이 존재하는가?

생멸의 흐름은 결코 존재는 아니다. 자아의 가상(假象)도 실은 참된 아(我)는 아니다. 존재하는 것은 모두 미망(迷妄)이며, 무명이며, 구제 없는 상태에 있다. 후대의 불교에 있어서 명확히 고찰되어 있듯이 생성이란 찰라적 생존의 연속이며, 존재하는 것 같이 보이는 일체의 것들은 실은 존재하지 않는 단순한 찰라성으로 있는 것이다. 언제까지나 존속하는 것이란 없으며, 동일한 상태에 머무르는 것도 없다. 어디에도 확고한 지점이란 없다. 자아는 무상하고, 끊임없이 변화해 가는 그 어떤 것의 착각이다. 이 어떤 것이 잘못 자아라고 보여지는 데 불과하다.

생성의 흐름과 자아성의 가상(假象)의 근저에는 다른 아무것도 놓여져 있지 않다. 양자는 이 기만적인 생성과 자아존재 속에 머무는 어떠한 사유도 벌써 적용되지 않는 전혀 다른 타자(他者)에로 지양(止揚)되는 것이다. 거기서는 존재라든지 비존재라든지 하는 말은 적용되지 않는다. 이 전혀 다른 타자는 각지(覺智)에 대해서 나타나고 열반에서 달성된다.

(5) 대각(大覺)

대각(大覺)이란 명상의 최고단계에 있어서의 가장 투철한 직관이다. 그러나 대각이란 또한 일상적인 의식상태에서는 존재의식과 자기의식을 변화시키는 사유를 조명(照明)하는 것이기도 하다.

이러한 대각에 있어서는 윤회의 세계와, 세계의 모든 영역과, 여러 가지로부터 여러 신(諸神)의 영역(領域)인 하늘과 지옥에 이르는 모든 것이 재생하는 길도 눈앞에 확연하게 나타난다. 그것은 고(苦)의 원인과 진행을, 그리고 또한 교설에 있어서 명제의 형식으로 불충분하게 전달되는 일체의 것을 밝혀본다.

이 대각의 경지가 어떠한 것이냐 하는 것은 비유에 의해서 잘 설명되어 있다.

「그것은 맑고, 조금도 혼탁하지 않는 물을 담은 그윽한 산속의 호수에 비유할 수 있다. 이 언덕에 서 있는 사람은 장님이 아닌 이상 진주나, 기타의 각양각색의 조개나, 작은 돌, 고기의 무리들을 거기서 볼 수 있을 것이다44)」.

이 호수를 보는 사람과 마찬가지로 깨달은 사람은 세계를 그 구경(究竟)의 근저에 이르기까지, 그 가장 개별적인 특수현상에 이르기까지 보는 것이다. 이렇게 하여 「정신이 맑아지고 개별적인 것의 분위기에 빠지는 일이 없이 감수력이 강하고 흔들 수 없는 경지에 사는 승려는 그의 눈길을 그곳으로 돌린다45)」.

그는 유한하게 속박된 생존관에서 고(苦)나 고의 기원·소멸이 눈앞에 역력히 떠오르는, 한층 더 높은 생존관으로 구진(究進)한다. 이것으로서 그는 『정신생활의 이 세상에 있어서의 결실』에 도달한다.

(6) 열반(涅槃)

이와 같은 대각을 통해 궁극적인 해탈이며, 동시에 해탈해가는 당자(當者)인 열반이 얻어진다. 과연 불타는 열반을 말할 수가 있을까?

---

44) DN Ⅰ. p.84.
45) HBI. p.675.

불타가 말할 때, 아무래도 기만적인 의식의 영역에서 말하지 않을 수 없다. 불타가 열반에 관해서 말할 때, 열반은 하나의 존재하지 않는 무(無)가 되어 버린다.

이와 같이 그의 말은 대상으로 향해지는 우리의 사념(思念)에 있어서는 무(無)와 같은 것을 말하면서 동시에 참된 안목인 일체를 다 말한다는 독특한 성격을 띄우지 않을 수 없다. 그렇다면 이 참된 안목의 일체란 무엇일까?

앞서 말한 바와 같이 생성과 아(我)의 가상(假象)의 근저에는 아무것도 없다. 그러한 근거에 도피하는 것도, 피안이라고 할만한 곳으로 탈출할 수도 없다. 그러나 다만 생성이나 아(我)의 가상(假象)이 소멸할 뿐만 아니라, 우리들의 생존에서 행해지는 사유도 또한 정지되는 것과 같은 것으로, 생성이나 아(我)가 전체로서 지양(止揚)되는 일은 가능하다.

열반에 관해서 말하여진 것의 의미를 이탈하려고 하는 자는 논리적인 사유로 당면하지 않으면 안 된다. 이제 몇 개의 예를 들어 보겠다.

「대지도 없고, 물도 없고, 빛도 공기도 없고, 무한한 공간도, 무한한 이성도 없고, 『무엇인가』라고 말할 아무것도 없고, 표상(表象)을 지양하는 것도, 표상 아닌 것은 지양하는 것도 없는 그러한 하나의 존재처가 있다. 그곳은 이 세계도 아니고, 다른 세계도 아니며, 달과 해의 세계도 아니다. 근저도 없고 진행도 없고 정지도 없는, 그것이 고(苦)의 종말이다」.

「하나의 존재처가 있다. 나는 이것을 간다거나, 온다거나, 미문다거니 죽는다거나 태어난다거나 라고 이름 짓지 않는다. 밑바닥도 없고 지주(支柱)도 없다. 그것이 고의 종말이다. 집착 없는 곳에 동요는 없다. 동요 없는 곳에는 정적(靜寂)이 있다. 정적이 있는 곳에 욕망은 없다. 욕망 없는 곳에 가고 옴은 없다. 거기에는 죽음도 없고 태어남도 없다. 차안(此岸)도 아니며, 피안도 아니고 그리고 또 그 사이도 아니다. 이것이 고(苦)의 종말이다」.

이때에 존재의 사변(思辨), 일반에 대치되는 사유형식이 나타나는 것은 피할 수 없는 일이다. 열반이란 우파니샤드(Upani-ṣad)의 경우와 마찬가지로, 이것도 아니고 저것도 아니며 존재도 아니고, 비존재도 아니고, 이 세상에서 세속적 수단으로서는 인식할 수 없으며 따라서 탐구의 대상이 되는 것은 아니지만, 그러나 궁극의 가장 심밀(深密)한 확증이다.46)

「생기지 않는 것, 생성되지 않는 것, 만들어지지 않는 것, 형성되어지지 않는 것이 있다. 이것이 없으면 해탈의 길은 발견할 수 없으리라47)」 [이것은 파르메니테스의 경우와 같다]. 그러나 이러한 영원성에 관해 말하면, 벌써 말하는 그 자체에 의해서 본래 붙잡을 수 있는 것을 놓쳐버리는 결과가 되지 않을 수 없다.

질문은 여기에서 끝난다. 물음을 계속하는 사람은 다음과 같은 말을 들을 수 있을 것이다. 「그대는 물음의 한계를 지킬

---

46) 우파니샤드: 고대의 인도철학서적. 우파니샤드는 부처님이 태어나기 전부터 있었으며 인도인의 명상적 기질을 잘 나타내 주고 있다. 그에 따르면 아트만(自我)은 실재(實在)하며, 브라흐만(梵)과 아트만은 같다고 한다. 이 책의 여러 곳에서는 그 은밀한 예지를 설명할 때 "neti neti"라는 표현을 쓴다. 그것은 "na iti na iti"의 준말로서 「이것도 아니고 저것도 아니다」라는 의미이다. 개념이 아니기 때문에 언설(言說)이나 일상적 사유로 파악될 수 없다는 것을 강조한 말이다. 범(梵)은 작기로는 겨자씨보다도 작고, 크기로는 허공보다도 큰, 그렇기 때문에 우주에 변재(遍在)한 형이상학적 실체이다.

47) Udāna. q. 3 pp. 80~81.

줄을 모르고 있다. 왜냐하면 성스러운 행行은 열반가운데에
흔들리지 않는 근거를 발견하며, 열반이야말로 그것의 궁극목
표이며 종말이기 때문이다48)」.

「정적(靜寂)에 향하는 자를 측정하는 척도는 없다. 이 사람
에 관해 이야기하려 해도 표현할 말이 없다. 사유에 의해 붙
잡을 수 있는 그런 것은 파괴되었다. 그리하여 언어의 길도
모두 막혀버렸다」.

(7) 형이상학이 아닌 해탈의 길

경전에서 설하는 그 어떤 사상일지라도 그것은 해탈에 관
계되어 있다. 다시 말하면 불타의 출현은 지식의 교사로서가
아니라 해탈의 길을 가르치는 스승으로서였다.

해탈의 길이라는 용어는 인도철학에서 빌려온 말이다. 즉
병의 확인, 징후와 원인, 병이 나을 것인기 어떤가 하는 문제,
그리고 치료법의 지시 등이다. 같은 사례가 (서양)철학에서도
가끔 보인다. [실례를 들면 플라톤·스토아학파·스피노자 등
의 경우]

불타는 해탈에 필요하지 않는 여하한 지식일지라도 그것을
거부한다. 불타는 예를 들어서 다음과 같은 질문들에 대해서
는 설명하기를 거부하였다.

「세계는 영원한가, 또는 영원하지 않는가」, 「세계는 유한한
가 또는 무한한가」, 「성자(聖者)는 사후(死後)에도 존재하는
가, 또는 존재하지 않는가」.

불타는 이와 같은 형이상학적 질문들에 대해서는 언급하지

---

48) MN Ⅰ. p.304.

않았다.

불타는 형이상학적인 문제의 이론적인 처리를 유해有害하다고까지 보고 있다. 그러한 처리는 새로운 속박이 된다. 왜냐하면 형이상학적인 사유는 어떠한 사유형식에 고집하지만 바로 그와 같은 사유형식에서 해방되는 것이 해탈의 길이기 때문이다.

이것은 말다툼 논쟁으로 나타난다. 의견이 각각 다르기 때문에 사람들은 잘못해서 자기의 입장만이 단 하나의 참다운 입장인 것처럼 생각한다. 서로 상대를 바라보고 말하고, 다투면서, 열심히 찬의贊意를 구하고 승리를 거두었을 때는 오만하게 머리를 들고 다닌다. 이러한 의견을 가지는 사람들의 모습을 보건데, 기분 내키는 대로, 지금 이것을 쥐었는가 하면 그것을 미련 없이 버리고 다시 딴 것을 잡는다. 고집심만이 강하고 가지에서 가지로 미끄러져가는 원숭이처럼 지금 여기에 매달려 있었는가 하면 이번에는 저쪽의 가지를 잡고 있는 식이다. 다툼에는 끝이 없다.

그러나 형이상학적·이론적인 문제에 대해서 해답을 거부한 결정적인 이유는 「그것이 열반으로 가는 길에 도움이 안된다」는 것 때문이다. 이러한 문제들은 도(道)의 도중에서 멈추게 하고, 해탈을 놓치게 한다.

『그것은 마치 어떤 사람이 독화살을 맞아 그 친구들이 의사를 부르는 경우와 마찬가지이다. 그때 독화살을 맞은 사람이 「나를 쏜 사람이 누구인가, 나를 쏜 활이 어느 것이냐 하는 것을 알기 전에는 절대로 이 화살을 뽑지 못하게 하리라」라고 말한다면, 그는 그러한 것을 알기 이전에 죽고야 말 것이다49)』

『성스러운 사람(부처님)이 세계는 영원한가 또는 영원하지 않는가? 등의 명제를 나에게 설명해 줄때까지는, 나는 성스러운 사람의 제자로서 성스러운 행을 하지 않을 것이다라고 말하는 사람에 대해서도 사정은 동일하다. 그러한 답변을 원한다면 여래가 여기에 관해 설명을 다 해 주기도 전에 그 사람은 죽을 것이다. 「세계는 영원하다」라는 견해가 성립하건, 「세계는 영원하지 않다」라는 견해가 성립하건 간에, 어떤 경우에도, 태어남이 있고 늙음이 있고, 죽음이 있고, 고뇌·비탄·슬픔·애수·절망이 있다. 그러나 이러한 것의 극복을 현세에서 벌써 나는 가르친다. 그렇기 때문에 내가 설명해서 명백히 하지 않은 것은 그대로 설명하지 않은 대로 두는 편이 좋다』

불타의 말씀에 따르면 그가 이러한 것들을 밝히지 않는 이유는 그것을 모르기 때문이 아니다. 불타의 생애에 있어서 매우 큰 역할을 한 이 짐묵의 힘은 이와 같이 그의 생각을 전할 때에 놀랄만한 효과를 낸다. 대개 궁극적인 것에 손을 대지 않음으로서, 이 궁극적인 것은 해결되지 않은 채로 남아 있다. 그러나 말하지 않는다고 해서 궁극적인 것이 소멸될 까닭은 없고, 오히려 무언가 알 수 없는 이상한 배경으로서 여전히 느껴지는 것이다. 세상에서 세상이 멸하는 길을 찾는 것은 가능하다고 보여지고 있다. 이 길을 걸어가는 것에 관계되는 지식은 말로 표현할 수가 있다. 그러나 존재전체에 관한 지식은 말하기를 거부당하는 것이다.

---

49) 중아함(中阿含)·전유경(箭喩經) (大正藏 一, 804~805).

제4장 불타에 있어서 「새로운 것」의 탐구

불타의 가르침, 용어, 사고방식, 행위에는 특히 새로운 것이라고는 없다. 벌써 고행자가 있었고, 고행집단이 있었고 그리고 교단생활의 수행이 있었다. 숲 속에 은둔하는 자는 어느 계급50) 출신이든지 상관이 없었다. 그들은 유서(由緒)의 여하(如何)와는 관계없이 성자로 인정되었다. 대각(大覺)에 의한 해탈도 벌써 있었고 명상의 제 단계를 밟아가는 요가수행도 있었다. 우주나 세계의 연륜이나 여러 신들의 세계에 관한 사고도 벌써부터 있었다. 불타는 이러한 문제들에 대해 조금도 의심을 품지 않고 이런 사고방식으로 계속하였던 것이다. 이러한 전제는 초월적인 것으로 향하는 경향을 그 밑바닥에 가지고 있는 인도적인 생활방법의 완성, 인도철학의 결산의 역할을 다한다.

가치의 척도로서의 『새로운 것』이라는 범주는 우리들 근대 서양인들에게 특유한 것이다. 그러나 비록 불타의 위대한 출현의 하나하나의 작은 점은 새로운 것이 아니라고 입증된다 할지라도, 그 경우에 있어서도 강력한 영향을 준 것을 역시 『새

---

50) 인도의 계급제도(캐스트제도·四姓制度)는 엄격하고, 아직까지도 뿌리 깊은 인습으로 잔존하고 있다. 그것은 베다의 가르침에 따른 것으로 ⓐ 바라문(婆羅門)[Brahmāna: 승려족] ⓑ 크샤트리아(刹帝利)[Kṣatriya: 무사·왕족] ⓒ 바이샤(毘舍)[Baisya: 상인 평민족), ⓓ 수드라(首陀羅)[Sūdra: 노예 천민계급)이다. 불타는 계급의 우월성을 부정했고, 베다의 권위를 인정하지 않았다. 태어날 때의 신분으로 사람의 높고 낮음을 결정하는 일은 무의미하며, 자기가 수행해서 얻는 경지가 참된 것이라고 가르침으로써 평등사상을 고취시켰던 것이다.

로운 것』의 범주로 표현할 수가 있다.

 (1) 인격

 무엇보다도 새로운 것의 첫째는 불타의 굳센 인격이다. 이 역사적 인간의 강력한 인상을 전설을 통하여 우리는 느낄 수 있다. 불타는 「인간으로서 무엇을 해야만 할 것인가」 하는 것을 보여주었다. 그러나 존재와 무명(無明)의 전체 속에 있어서 진실로 존재하는 것은 지식을 가지고는 해결할 수 없는 채 그냥 남겨두고 있다. 참으로 그 일로 말미암아 석가모니는51) 사람들을 그리로 강요하는 것처럼 생각된다.

 힘찬 의지의 긴장이 부처님의 생애를 관통하고 있다. 전설에 따르면 현자(賢者) 아시타는 부처님이 태어났을 때, 아이는 세계를 지배하는 통치자가 되든가, 그렇지 않으면 각자(覺者)가 될 것이라고 예언하였다. 그러나 불타는 세계를 정복히고자 하는 의지, 세계를 형성하려는 의지가 결코 인간의 최고 완전한 의지가 아니라는 것을 인식하였다. 인간이 자기 자신을 극복하고, 자기 자신에 있어서나 또 세상의 여러 가지 일에 있어서도 집착 없이 행동했을 때에만 최고 완전한 의지가 있는 것이다. 「완고한 자아의 오만을 억누를 때 정말 티 없는 정복(淨福)이 있다52)」.

 자기극복이 성취될 때 거기에는 벌써 긴장의 모습 같은 것은 조금도 보이지 않는다. 감각·삶에의 관심, 자기 자신, 자

---

51) 야스퍼스가 부처님을 유독 침묵자(沈默者)라고 한 것은 지식으로서 해결할 수 없는 한계상항을 침묵으로 포괄(包括)한 사람이 부처님이라고 믿기 때문이며, 때문에 부처님이 그곳으로 나아가도록 사람들을 유도했다고 생각한 것이다.

52) Vin Mahāvagga. Ⅰ. 2, 4.

기의 교만 등에 대한 격박(擊縛)없는 불타의 정신생활은 그 사람됨의 높은 품위, 냉철함, 그리고 한없는 유화(柔和) 속에 나타나 있다. 불타는 그가 극복한 모든 사항에 있어서 그 자신에 대하여 간격을 취하였다. 그가 그 개인적인 생활이나 개인적인 비밀에 조금도 접촉하지 않은 사람들에 대해서도 간격을 취한다. 불타가 대도(大道)를 이루었을 때 그는 벌써 더이상 구하는 일을 하지는 않는다. 그는 흐트러지지 않는 정숙 속에 있고, 모든 것을 남김없이 비추는 빛에 의해서 무엇이 존재하는가 무엇이 필연적으로 생기느냐 하는 것을 보고, 강요됨이 없이 스스로 힘을 가하는 일도 없이 이것을 착취하는 것이다. 그 자신이 개인을 넘어선 존재가 되었다. 무수한 부처님들은 그가 지금 하듯이 과거의 세계에서 해왔고, 또 미래의 세계에서도 이것을 해 나가리라. 그는 말하자면 개인으로서는 무수한 동류(同類)들 속에 매몰되어 버리는 것이다. 그는 지금 유일자이기는 하다. 그러나 단순한 반복으로서의 유일자일 뿐이다. 『집도 없고 고향도 없고, 세속을 떠난 마음의 주인으로서, 사람들과 접촉함도 없이 나는 길을 걷는다.』그는 알려지지 않는 존재이다. 「불타, 무한을 걸어가는 사람, 자취 없는 사람, 그대들은 어떻게 하여 그를 찾아낼 수 있겠는가?」.

불타의 사람됨에 대한 이러한 묘사에는 특히 그를 돋보이게 하는 특색 같은 것은 전혀 없다, 특유한 것, 딴것과 바꿀 수 없는 것, 자아(自我)가 강하게 드러난 것 등을 그에게서는 찾아볼 수 없다. 불타와 그 경건한 제자들과의 사이, 또는 제자들 서로서로의 사이에는 근본적인 상위(相違)란 없다. 그들은 모두 작은 불타이다. 불타는 개인적 인격으로서가 아니라

전형(典型)으로서 나타난다. 나쁜 것, 불신자, 궤변가들이 그
와 다른 유형으로서 대기하고 있다. 그러므로 하나의 인격이
일체의 개인적인 특징을 상실함으로써 도리어 다른 것들에
영향을 끼쳤다는 패러독스가 여기에 있다. 자아의 부정이 이
진리의 바탕을 이루고 있다. 불타의 근본경험은 어떤 역사적
인 자기존재의 그것일리가 없고, 자아의 멸각(滅却)에서 볼
수 있는 진리의 근본경험이다. 그것은 서양적·중국적인 개인
의식을 수반하지 않는 인격의 힘이다.

(2) 철저한 태도

다음에 새로운 것은 불타 이전에 벌써 개별적으로 제약되
어 행하여지던 것을 「불타가 전체적으로 그리고 철저하게 행
하였다」는 점이다. 그는 전통과 권위를 버렸다. 더군다나 사
성세(四姓制)의 계급제도와 제신(諸神)의 최고권위를 버렸다.
그는 이러한 제 전통과 싸우지 않았다. 그것들이 세상의 진행
하는 가운데서 현실로서 행하여지도록 그대로 두었다. 그러나
물리치지도 않았지만, 그것들이 비본질적인 것으로서 변해 가
는 것을 막지도 않았다.

불타가 「일체의 사람들」에 대해서 취한 태도에는 철저한
것이 있었다. 각 개인에게 통용되었던 것은 누구에게 대해서
나 가능해지게 되어 있다. 숲 속의 암자에 은둔해 있던 작은
집단에서 일어난 것은 사람들이 무리를 지어 참가한 승단에
의해서 공공연하게 거리거리에서 그리고 편력(遍歷)의 도중에
서 그리고 많은 사람들 사이에서 시도되었던 것이다. 그러던
중 하나의 새로운 생활상의 사건이 일어났다. 큰 무리를 지은
승려들의 걸식생활과, 가난하고 청결하며 고향도 세상도 버린

생활을 하며, 어디까지나 가르침을 실현하려고 한 사람들에 대한 속인(俗人) 지지자들의 물질적인 협력이 그것이다.

사실상 대부분의 승려들은 위의 두 계급 출신자들이었다.53)—승단에는—고귀한 젊은이들이 큰 역할을 하고 있다. 불타 자신도 고귀한 계급의 출신이다. 불교의 후기의 가르침에 의하면 각자(覺者)는 다만 바라문(婆羅門)이나 귀족으로서만 태어날 수 있다고 한다. 불교는 귀족적인 가르침이었다. 더욱이 정신적으로 높은 위치에 있는 사람들만이 불교를 이해할 수 있다는 뜻에서 어디까지나 귀족적인 가르침이었던 것이다. 그러나 사람들은 각자 자기의 언어능력에 따라서 불타의 말을 배우라는 불타의 지시가운데에 전도(傳道)가 원칙으로서, 전도를 이해하는 능력을 나면서부터 갖고 있는 모든 사람들에게, 아니 인간전체에로 향하여져 있는 것이 나타나 있다.

이것으로써 역사상 처음으로 인류적(人類的)인 사상이 나타나고 세계종교가 실현된 것이다. 계급제도나 민족의 제약, 그리고 사회질서의 근저를 이루는 역사적인 근거에의 일체의 귀속(歸屬)이라는 제약은 타파된 것이다. 인도에 있어서 자격 있는 자를 위해 조심스럽게 지켜진 진리는, 모든 사람들에게 공공연히 전하여질 진리가 되고야 말 운명에 있었던 것이다. 불교보다 늦게 나온 스토아학파나, 그리스도교도나, 마호멧트교도 등의 세계종교와 비교해 보면, 불교의 특색은 모든 인간에게 뿐만 아니라 살아있는 모든 것들, 제신이나 짐승들에게까지 눈길이 미치고, 이런 모든 것들에게도 그가 발견한 구원

---

53) 부처님의 제자들 가운데에는 브라흐만나·크샤트리아 출신이 많았다.

의 손길을 뻗치려고 한 점에 있다.

일체의 모든 것에 향한다는 것은 하나하나의 개인에로 향하는 것임에 틀림없다. 불타의 결의와 이 결심의 결과 행하여진 생활, 즉 집이나 가족, 사회의 규범을 떠나는 것은 거울로 삼을만한 것이 있다. 불타는 그의 설법에 귀를 기울이는 어떠한 사람도, 가능성의 면에서 말하자면 똑같이 외부에 선 사람으로 보고, 이렇게 말을 건다. 그대의 결단에 달려있다고. 불타는 가차 없이 「이것이냐? 저것이냐?」를 결정하게 해서 전인격(全人格)을 사로잡는 것이다. 그 이외의 사람들도, 속인의 귀의자로 특히 승려들에게 물질적으로 원조함으로써 공덕을 쌓을 수는 있다.

그러나 그들도 새로운 생존으로 다시 태어남으로서 비로소 더 높은 구제의 기회를 만나게 된다. 불타는 조금의 망설임도 없이 이 세상에서 구세의 길을 길을 수 있고 또 그것을 실제로 그리고 무조건으로 믿는 하나하나의 사람들에게 말하는 것이다.

사람들이 그의 말을 따를 때, 그는 내부로 침잠(沈潛)하기를 요구당하며 그리고 다른 사람들에게는 점점 미치기 어려워져 가는 과정에 있어서, 내면성은 깊어간다. 그때 여러 가지 양식이나 통찰을 수반하기도 하지만, 그런 것에 있어서 결정적인 것은 고요하며 나타나는 일이 없다.

그러나 어쨌든 간에 이러한 구제의 길에 관한 믿음은 하나의 지(智)이다. 불타가 예부터 전해온 사변적(思辨的) 사상의 세계를 맹목적이며, 유해한 영역이라고 멀리 했을 때에도 해탈, 그 자체는 하나의 지(智 Erkennen)이며 해탈은 지혜에 의해서만 달성된다는 인도철학의 원리를 견지하고 있었다. 그와 함께 불타는 희생·기도·마술을 물리치고 오히려 스스로의 사유에 있어서, 생활 속에서, 그리고 명상적인 침잠에서 지(智)를 획득하지 않으면 안 되는 각각의 사람들에게로 향하는 것이다.

불타는 한 사람 한 사람에게 또는 작은 집단에게 말하였다. 설법이나 문답은 각자가 자기의 행위에 의해 얻어야 하는 통견(洞見)의 길을 마련해 주는데 있었다. 불타의 말의 힘이 어떻게 이것을 용이하게 하였던가 하는 점, 또 마치 혼미(混迷)가 열렸을 때처럼 통견(洞見)이 각자에게 돌연히 나타난 모양은 여러 곳에서 묘사되어 있다.

「그것은 불가사의하고 경이로운 일이었다. 무엇인가 구부러져 있는 것을 바로 잡는 때처럼 무엇엔가 덮여있는 것을 들어내는 때처럼, 헤매는 사람에게 길을 가리켜 줄 때처럼, 그리고 어두움 속에서 등불을 밝힐 때와 같다. 이와 같이 성스러운 사람(부처님)은 각종의 방법으로 가르침을 펴나갔던 것이다54)」.

(3) 전도(傳道)

교법의 전도(傳道)는 각 개인에게 더욱이 모든 개인에게 향해져 있기 때문에, 그리고 또한 세상에 미치고 남김없이 그것을 비추는 빛으로서 의식적으로 전도가 행하여졌기 때문에 여기에 새로운 계기를 또 하나 들 수가 있다. 그것은 의식적인 「전도의 의지」이다. 이러한 의지가 있었기 때문에 불타는 처음부터 개인을 구제하는 길과 동시에 세상을 유행(遊行)하며 가르침을 넓히기도 하는 승단을 설립하였던 것이다.

---

54) DN Ⅰ. 202, 210, 234, 252 등.

전도를 위하여서는 결정적인 것에 사상을 집중시키는 것이 중요하다. 부처님의 근본사상은 효과를 내기 위하여서는 매우 간명하게 표현되어야 할 필요를 느꼈고, 또 끊임없이 반복되어져야만 했다. 그것은 비유·잠언(箴言)·시(詩) 등에 의해 또 구상적인 전설을 많이 수용하고 다시 이런 전래의 것을 그 근본사상의 옷이 되게끔 만들어서 전파의 기틀을 얻는 것이다.

제5장 불타의 영향

불교의 전파 및 변형, 분파는 동양의 종교사에 있어서 하나의 커다란 테마이다. 불교의 전파는 단지 한번, 강력한 통치자였던 아소카왕의 주도에 의해서 의식적으로 먼 곳에까지 진출한 이외에는 대개 조용한 그러나 힘찬 걸음을 계속했었다.

경전을 읽으면 세계 중에서도 이 인도의 땅에서만 이렇게 발생하고 얼마 후에는 아시아에 넓게 반향을 일으킨 그 공기의 독특한 성격이 엿보인다. 새로운 생활기준, 형이상학적인 근본이념이 중국과 일본의 생활에 하나의 요소가 되었고, 티베트·시베리아·몽고 등 국민들의 마음을 유순하게 하였다.

그러나 매우 주목할만한 일이 생겼다. 불교의 발생지인 인도에서 불교는 멸망하고 말았다는 점이다.55) 인도가 압도적

---

55) 1203년 밀교(密敎)의 근본도량이었던 부크라마쉬라아(Vikrama-śilā)사원은 회교도의 군대에 의해 파괴되고 승려들이 학살당하였다. 이미 이 시대에 이르러 인도내부에서의 불교는 쇠퇴일로를 걷고 있다가, 회교도의 탄압으로 인도에서 불교가 멸망하게 된 결정적 원인이 되었다. 회교도는 8세기경부터 서북인도에 침입하여 상

인 본래의 경향에 의하여 의연히 인도적으로 남아 있으려고
하는 한, 즉 철학적으로 생각되어진 전체의 테두리 속에 옛날
의 제신(諸神)을 존속시키는 계급제도에 의해 생활하려고 하
는 한, 불교는 인도에서 소멸한다. 불교는 인간적인 의지를
갖고 있었다. 수세기에 걸쳐 인도의 대부분에서 믿어져 왔었
다. 그리고 폭력을 쓰지 않은 채 천 년을 경과한 후 인도에서
단절되었을 때에도 불교는 여전히 인간적이었다. 동양의 각지
에서 불교는 그때까지 가수(假睡) 상태에 있던 영혼의 심연을
흔들어 깨웠다. 그러나 또 도처에서 각 민족들의 민족운동이
세력을 만회하려고 할 때에는 불교는 다시 억압당했고, 옆으
로 밀려나게 되었던 것이다. [예를 들면 중국이나 일본의 경
우와 같이56)]

서력기원을 전후한 수세기동안, 불교는 북방불교와 남방불
교, 즉 대승불교 [윤회의 흐름을 건너 해탈의 나라로 건너가
는 큰 수레]와 소승불교[작은 수레]로 나누어졌다.57) 더 근원

당한 세력을 가졌고 1205년에는 인더스유역으로 진출하여 갠지스
강 이북의 북인도를 장악하였다. 한편 인도내부에서도 불교에 박해
를 가한 군주가 있었는데 푸샤미트라(Puṣamitra B.C 185경 즉위)
왕은 파불(破佛)과 사원의 방화 등으로 불교 박해를 시도했던 대표
적 예이다. 중세에 이르러 미히라쿠라(Mihirakula. 502~542)왕도
불교를 박해하였지만 하르샤(Harṣa 606~647)왕은 불교보호책을
편, 군왕으로 알려져 있다. 하르샤왕 이후 인도는 정치적 분열상태
로 들어갔고, 8세기에서 21세기에 이르는 동안 불교는 쇠퇴를 거듭
해서 인도 땅에서 자취를 감추었다.

56) 역사상 중국에서 페불(廢佛)의 불교박해를 가한 왕으로서는 다음과
   같은 사람들이 있다. ⓐ 북위태무제(北魏太武帝)(四四四~四四六)의
   파불(破佛), ⓑ 북주무제(北周武帝)(574~577)의 파불(破佛) ⓒ 무종
   (武宗)(842~845)의 폐불령(廢佛令), 이 셋을 삼무일종(三武一宗)의
   법난(法難)이라고 하며, 그것은 불교대신 유(儒)·노(老)·장(莊) 사
   상이 융성했을 때 이루어진 처사였다.

적이며 순수한 소승불교에 비해 볼 때, 대승불교는 종교적 형태에의 타락인 것 같이 생각된다. 그러나 오늘날까지 스리랑카 및 인도지나에 존속하는 소승불교가 본질적인 면으로 말해서 각 시대를 통해서 전통을 고수하고, 아무런 새로운 것을 만들어내지 못한데 비해서 대승불교에서는 대규모의 새로운 전개를 행하였고 또한 여기에 기반을 두고, 일반민중의 종교적인 욕구가 충족될 뿐 아니라 고도의 사변(思辨)철학도 또한 새로이 만발하게 된 것은 주목할만한 가치가 있는 일이다. 소승불교는 첫째 한번 얻은 규범을 꾸준히 고수하기 위하여 그리고 또 다음으로는 개개의 인간이 아라한58)(Arhat)으로서 완성하는 것을 강조하기 위서 불교를 협소하게 만드는 듯한 느낌을 주는지도 모르겠다. 여기에 반해 대승불교는 우선 인연이 없는 새로운 것들도 거의 무제한으로 받아들이고 단지 개개의 인긴뿐만 아니리 모든 것의 구제를 매우 단호한 태도로서 생각하는 것이다. 소승불교에서는 등한시 된 불타의 이념들, 특히 삼라만상에 대한 자비의 마음에서 여러 신들이나

---

57) 불타의 입멸 후 불교는 분열을 일으킴으로써 부파소승불교시대(部派小乘佛教時代)에 접어들게 되었다. 밧지족, 출신의 비구들이 십사(十事)를 거론하면서부터, 그에 대해 장노파들이 밧지족의 십사(十事)를 비법(非法)으로 규정하면서 이와 같은 분열이 표면화 되었다. B. C 이백년경까지에 이미 이십여부파(二十餘部派)가 난립한 것으로 믿어진다. 부파소승시대의 불교 특징은 <법유아무(法有我無)>, 즉 부처님이 설한 진리를 그대로 실행하려는 출가중심, 은둔적 학문불교라고 평할 수 있을 것이다. 그 대표적 예가 설일체유부(說一切有部)였다. 서력기원을 전후한 시기에 대승불교가 흥기하면서 이러한 소승의 독성(獨聖)을 공격하였다. 그 중심적 인물이 용수(龍樹)였다. 五세기경 인도를 순방하였던 법현(法顯)의 <고승법현전(高僧法顯傳)>에 의하면, 이때까지도 소승과 대승의 각 사원이 상존(尙存)하고 있었다고 기록하였다.

58) 아라한(阿羅漢): 소승불교의 최고 성자.

인간의 구제를 행하려고 모든 가능한 방법을 써서 그들에게 향하려고 하는 결의가 대승불교에서는 전개되고 있다. 대승불교에는 또 훨씬 후에 대승불교의 분파의 범위 내에서 용수(龍樹)나 기타의 사람들에 의해 각 방면에서 정밀하게 논의된 숭고한 사상의 단서로 찾아볼 수 있다.

그러나 무엇보다도 대승불교 전개의 본질을 이루는 것은 불타에 의한 해탈도(解脫道)의 철학이 종교로 변했다는 사실이다. 이제 대승불교의 출현은 불타와 대비해서 어떤 것인가 그 특색을 다음에 간단히 적어 보자.

(1) 권위와 복종

교단의 설립으로 말미암아 사람들은 각자 단독으로 지혜에 의하여 해탈에 도달한 사람들 사이에는 연대감정이 일어났다. 그러나 얼마 안 가서 일반신도들은 자기의 책임을 생각하지 않게 되었고 위에 받드는 권위를 만들고 사실상 그 권위에 복종하여 살게 되었다. 그들은 「부처님(佛)59)과 부처님의 교법(法)과 그리고 승단(僧團)에 의지하게」되었던 것이다.

(2) 자력(自力)에의 불신(不信) · 부처님은 신이 된다.

불타의 가르침에 따르면 기도 · 은총(恩寵) · 회생 · 제사양식 등 어느 것도 해탈을 가져오지 못하고 다만 지혜만이 해탈을 가져올 수 있다고 하였다.

---

59) 불(佛)[Buddha] 법(法)(Dharma) 승(僧)(Saṅgha)의 셋을 삼보(三寶)[Tri-ratna]라고 하여 불교도라면 누구나 삼보에 귀의할 것이 요구된다. 우리나라의 원효는 귀명삼보(歸命三寶)의 의미를 해석하여 일심(一心)에 환원하는 것이라고 하였다. (大乘起信論疏 참조)

지혜 그 자체가 해탈인 것이다. 물론 그것은 언어에 의해서 용이(容易)하게 포착되는 합리적인 지식으로서의 인식이 아니고 깨달음으로서의 인식이다. 그런데 깨달음으로서의 인식은 그 결과를 기다려서 비로소 해탈을 가져오는 것이다. 이런 종류의 지식은 그 자체가 해탈임을 알기 때문에 해탈인 것이다. 이 지식에 의해서 욕망·생성·고뇌가 없어진다는 것을 지식 그 자체는 알고 있다.

그런 까닭에 불타는 「다시 태어나는 것은 끊어지고, 성스러운 행은 성취하고, 해야 할 임무는 끝났다. 나는 이 세상에 다시 돌아오지 않을 것이다」라고 자기의 깨달음을 토로(吐露)하였고, 「이와 같이 나는 알았다60)」는 말을 남겼던 것이다.

깨달음에 도달한 어느 승려도 행(Saṁskāra),61) 그 무의식적인 힘에 의해 이 생명 있는 존재가 만들어졌지만, 그것은 해탈지(智)를 얻지 않으면 끝없이 재생을 되풀이 하며 끊임없이 새로이 다시 만들어져 가지 않으면 안 된다.62) 우리는 다음과 같이 말해도 좋을 것이다.

「낳은 어버이여, 나는 그대를 경시(輕視)한다. 이제 나는 그대를 알았다. 그대는 벌써 나에게 뼈만의 집을 짓는 일은 없다. 지옥의 창살은 모두 파괴되고 말 것이다」.

이러한 지혜는 인간의 힘으로 얻을 수 있다. 그것은 자기의 생활태도의 힘에 입각해서 자기 자신의 통견에 의해 획득될 수 있다. 어떠한 신도 이러한 통견을 주지는 않는다. 아니 신

---

60) SN. Ⅱ. p.51, 52, 53, 82, 95, 97, 125 등.
61) 잠재적 무의식력, 또는 충동을 가리킨다.
62) 행위란 정신적인 작용이 일정한 방향을 작용해 가는 면을 가리키는 말로서 의지적 형성력을 뜻한다.

들 자신이 이와 같은 통견을 필요로 하는 것이다. 불타는 이러한 통견을 말하고 행한다. 여기에 귀를 기울이는 사람은 누구나 이 통견을 스스로 근본적으로 획득하지 않으면 안 된다. 그렇기 때문에 불타의 최후의 말씀은 이러했던 것이다. 「게으르지 말고 부지런히 노력하라」. 이러는 한 불타의 가르침은 철학이다. 이 철학을 획득하느냐 못하느냐 하는 것은 인간의 의지와 힘에 달려 있는 것이다.

그런데 자기의 힘에 의해서 해탈을 얻을 수 있다는 신념이 흔들릴 때 불교적인 사유는 변화를 받지 않을 수 없다. 이 신념에 동요를 가져온 사람은 도움을 주는 신을 구한다. 그러나 여러 신들은 있지만, 그 신들 자신이 구원을 기다리고 있는 듯한 결국 무력한 것에 불과하다. 불교도는 지혜에 의해서 자기 자신을 구하는 인간이라는 생각을 버리지 않고, 그리고 도움을 구하는 것이다. 이러한 일은 불타 자신이 신이 됨으로써 달성된다. 그리고 여기에 신이란 이름을 갖지 않은 채 전혀 새로운 신의 세계가 생긴다. 불타는 그 가르침을 베풀려고 마음먹었을 뿐이었는데 이제 일체의 신들 위에 위치한 신의 모습을 취하는 것이다. 이렇게 되면 불타의 통견(洞見)에 대한 신앙은 이미 철학적 신앙이 아니라 불타신앙이 된 것이다. 그런 경우 이제는 스스로 사유하는 것만이 결정적인 것이 아니라, 초감각적인 불타의 구원의 손길이 펼쳐지는 작용이 여기에 첨가되는 것이다.

불타 자신은 결코 그의 지혜를 그의 인격에 결부 시키려고는 원하지 않았다. 죽음에 임하여서 남겼던 불타의 최후의 말씀이 이것을 증명하고 있다. 불타는 교설로서 인격적 교사(敎師)의 대신을 삼으려고 원하였던 것이다. 그런데 불교도들은

교사에 대한 존경의 넘(念), 가르침을 받아들이고, 내 것으로
만들기 위한 길을 열어준 교사에 대한 인간적인 존경의 넘은
오래 존속하지 않았다. 벌써 초기부터 불타의 인격이 압도적
으로 명백히 남아 있었기 때문에 불타의 인격을 높여 주는
결과가 되었다. 오래된 경전 속에도 불타에 대해서 주어진 형
용사는 이루 헤아릴 수 없을 정도이다. 그중 몇 개의 예를 들
면, 완전히 눈뜬 분·완성된 분 지(智)와 행에 있어서 완전한
분·세계를 모두 아는 분·일체를 보는 분·이 분과 더불어
큰 광휘(光輝)가 나타나는 승리자·정복되지 않는 분·방자한
인간을 누르는 비할 바 없는 조정자·모든 신과 인간과의 교
사·다른 것과 비할 바 없는 분이기 때문에, 인간으로 최고자
이기 때문에, 그에 비유할만한 사람이 없고, 동류(同類)가 없
고, 비등한 자63)가 없다.

　오직 홀로 공경 받은 이 교사는 그의 사후 얼미 되지 않아서
예배의 대상이 되어갔다. 그의 유물은 사원건축64)의 중심이 된

---

63) 이것은 부처님에 대한 열 가지 호칭 즉 여래십호(如來十號)인데, 그
　　열 가지 호칭은 ⓐ 여래(如來) Tathāgāta－그렇게 오시는 분, 진리의
　　체현자, ⓑ 응공(應供) Arhat 阿羅漢－세상의 공양과 공경을 받을만
　　한 분, ⓒ 정등각자(正等覺者) Samayksambuddha 正遍知－올바른 깨
　　달음을 연 분, 또는 정각자(正覺者), 무상정등각자(無上正等覺者)라고
　　도 한다. ⓓ 명행족(明行足) Vidyācarana-Sampañña－지(智)와 행(行)이
　　완전한 분. ⓔ 선서(善逝) Sugata－훌륭하게 완성한 분 ⓕ 세간해(世間
　　解) Cokavit－세간을 완전히 아는 분 ⓖ 무상사(無上士) Anutta-
　　rapuruṣa－최상의 인간 ⓗ 조어장부(調御丈夫) Purusdamya- sārathin－
　　사람을 조복(調伏)받는데 있어서 훌륭한 능력을 가진 분 ⓘ 천인사(天
　　人師) Śāstā Devamanusyānām－신들과 인간의 스승. ⓙ 세존(世尊)
　　Bhagavat－높으신 스승. 복덕을 갖추신 분.)
64) 불타의 임멸 후 사리(舍利)를 모시기 위한 방편으로 탑의 건립이 유
　　행하였다. 스투파(Stūpa)란 무덤을 의미하는 말인데, 그것이 塔婆,
　　塔으로 음역(音譯)된 것이다. 인도의 경우, 붓다가야쌘치 등의 대탑

다. 벌써 기원전 3세기경에 불타는 어떤 신적 존재의 화신化身이라는 신앙이 일어나고 있었다. [이것은 비슈누교의 아바타라와 유사하다] 그것에 의하면 이 신적 존재는 생명 있는 것을 구하기 위해 스스로 화현할 것을 부여했다고 하였다, 이 세상의 불타는 어느 분이나 초월적인 세계에 그 원형을 갖고 있지만, 이 원형은 (명상)에의 침잠(沈潛)에 있어서 직관되는 것으로서 선정불(禪定佛)65)(Dhyāni-Buddha)이라고 한다. 이 세상에 있어서의 선정불은 서방정토(西方淨土) 극락세계(Sukhāvati)의 교주 아미타불(阿彌陀佛)66)이다. 이 부처님은 불교의 귀의자들을 사후에 이 나라에서 영접한다고 한다. 그들은 그곳에서 연꽃대좌(台座) 위에 다시 태어나고, 마지막으로 열반으로 걸어들어가는 때가 성숙할 때까지 정복(淨福)한 생을 보내는 것이다. 이 초감각적인 본체로서의 불타가 여러 가지 모습으로 변

(大塔)은 모두 원주형(圓柱型)으로 되었고, 중국에는 전탑(博塔) 일본은 목탑(木塔) 한국에는 석탑(石塔)이 유행하였고, 이것은 가람(伽藍)배치의 가장 중요한 예술품이 되었다. 불상(佛像)이 조성된 것은 이보다 훨씬 후 헬레니즘의 영향을 받고 간다라(Gandhara) 지방을 중심으로 한 소위 간다라예술이 성립된 기원전 二세기경의 일이다.

65) 선정불(禪定佛)[Dhynāi Buddha 명상의 불타]의 사상은 인도불교 말기에 이르러 현저하게 대두하였다. 세계의 원인으로서 본초불(本初佛)[Adibuddha]이라는 것이 있고 그로부터 모든 세계의 사상(事象)이 현출(現出)된다고 하였다. 그 부처님의 명상의 단계에 따라 五선정불(Dhyāna-Buddha)이 생긴다. 五선정불은 오선정보살(五禪定菩薩)[Dhyānsi-Bodhisattva]로서 수행하다가 마지막에는 지상불(地上佛)로서의 인간적 불타(mãnusi-Buddha)로 나타난다. 그 인간적 불타의 네 번째가 바로 석가모니불이라는 것이다. 밀교경전의 주존불(主尊佛)인 대일여래(大日如來)도 이와 같은 선정불의 하나이며, 선정불의 속성으로서는 오지(五智)를 갖춘다고 하였다.

66) 아미타불: Amitābha, Amitāyus, 한량없는 목숨, 또는 한량없는 빛이라는 뜻에서 無量壽 또는 無量光이라고 번역하기도 한다. 서방정토 극락세계의 교주.

모하는 것은 다음의 단 한 가지 사실을 의미한다. 즉 믿는 자에게 자비를 내리고, 믿는 자는 이것을 넘(念)하여 매어달리는 여러 가지[형태화신化身]가 있다는 것이다67). 그리고 여기에서 문제되는 것은 불가사의한 열반보다도 한층 더 가까운 곳에 있는 극락과 같은 정복(淨福)에 쌓인 유형의 여러 세계이다.

불타의 전설은 이렇게 여러 가지 변화가 생김으로서 확장되고, 매력과 수려함에 넘치는 사건으로서 신들과 예언자·악마(마아라)·귀신의 작용도 함께 섞어서 천계(天界)의 우주적인 관련을 갖는 다사다단(多事多端)한 사건이 되는 것이다.

---

67) 이것은 부처님의 삼신설(三身說)을 두고 한 말이다. 대승불교가 흥기된 이후 성립된 교설이다. 부파소승시대의 불타관(佛陀觀)은 역사적으로 실재했던 석가모니불 이외에는 다른 부처를 인정하지 않았다. 그러나 대승불교에서는 그것을 지양하여 불신(佛身)이 영원상주(永遠常住)함을 주장하는 삼신실(三身說)을 주장하였다. 삼신(三身)은 부처님의 세 가지 몸을 말한다. 법신(法身)[Dharma Kāya] 영원히 살아계신 부처님의 몸을 가리킨다. 그것은 우리의 일상적인 감각과 이성으로서는 파악할 수 없는 보이지 않는 몸으로서 우주 및 중생계 모든 것의 근본바탕이 되며, 그것을 질서 있게, 조화 있게 만드는 주체이다. 「화엄경(華嚴經)」에서는 이것을 비로자나(毘盧遮那)[Virocāna]라고 했는데, 그것은 바로 맑고 밝은 일심(一心)의 근원을 가리키는 말이다. 뭇 생명 있는 것들은 모두 이 법신이 드러날 가능성을 갖고 있으며, 모든 부처님들이 이 법신을 그 근본으로 하고 있다. 보신(報身)[Sambhoga Kāya]은 맑고 밝은 마음이 원인이 되어 그 마음에 알맞는 형태를 취한 이상적 육신을 가리킨다. 따라서 인간으로서 갖출 수 있는 만덕(萬德)과 지혜 자비가 다 갖추어진 몸인 것이다. 석가모니불 같은 몸이 이러한 실례이다. 화신(化身)[Nirmāṇa Kāya]은 법신의 무한한 능력으로 말미암아 중생들의 마음가짐에 맞추어 갖가지 변화를 일으키며 나타나서 그 중생들을 교화하는 몸이다. 이 세 가지 몸은 대승기신론(大乘起信論)에 따르면 체(體)·상(相)·용(用)의 삼대(三大)에 해당한다고 했다. 체(體)는 본각(本覺)이며 법신이다. 상(相)은 드러나진 모습으로서 보신(報身)이다. 용(用)은 그 능력·작용·기능을 가리키는 말로서 화신(化身)이다. 물론 삼신(三身)은 삼대(三大)의 경우와 같이 불가불리(不可不離)의 관계에 있는 것이다.

(3) 다른 제 종교(諸宗敎)의 수용

불교를 아시아의 인간본위적 종교로 만들었던 「변화의 과정」은 고도의 문화를 가진 민족이건 미개민족이건 간에 각 민족의 「종교적 전설이 매우 오래된 동기의 수용」으로 인도하였다. 이러한 수용이 가능할 수 있었던 것은 불타의 세계관 때문이었다. 불타는 세간(世間)으로부터의 철저한 자유를 부르짖었다. 그러한 정신태도가 세간에 대해 철저하게 관용하는 정신을 불러 일으켰다. 왜냐하면 모든 세간적인 것은 다 무명無明에 의한 것이요, 착각이며, 장막에 가리워진 것이기 때문에 초극되지 않으면 안 될 것들이었기 때문이다. 그 자체로서 불진실(不眞實)한 것들에 대한 무관심 때문에 이런 무진실한 일체의 존재양식을 초극할 수가 있었다. 그런 까닭에 불교는 불교가 만나는 모든 종교·철학·생활양식을 무조건으로 받아들일 수가 있었다. 이러한 종교·철학·생활양식은 비약을 위한 단계, 서구적 사고로 보면 한계 없이 무한한 것 속에 표류해 있는 것처럼 보이는 단하나의 목표를 향한 단계처럼 보여졌던 것이다. 일체의 사상, 일체의 생활태도, 일체의 신(神)신앙 비록 가장 원시적인 종교에서 볼 수 있는 신앙이라 할지라도 이런 것들은 모두 있을 수 있는 전(前)단계이며, 전단계로서는 없어서 안 될 것이지만, 그러나 그것이 목표는 아니었다.

불타의 침묵은 비단 아시아적인 내적인 것의 군림의 정적(靜寂)이 되어 반영하고 있을 뿐만 아니라, 나아가 공상적인 종교적 내용의 소란하고 다채로운 선율과 같은 반향도 가지고 있다. 초극되어야 할 것이 도리어 실제에는 없어서는 안 될 주 요소가 되었다. 처음에는 아무 관계도 없는 것 같은 종교적 형식이 점차 불교적 사유를 감싸는 듯이 되고, 얼마 지나지 않아서 불교적 사유 그 자체가 되어버렸다. 그 가장 인상적인 실례가 티베트이다. 그곳에서는 예부터 행해왔던 마술이 그대로 불교의 방법이 되었고, 승단이 세속적인 지배권을 갖는 교회조직이 되어 있다 [가톨릭교회에도 이와 대단히 유사한 것이 있어서 기독교도들은 기독교적 현실을 왜곡한 모습으로 모방한 악마의 업(業)을 여기에서 발견했을 정도이다.]

(4) 인간의 사명

이러한 변화와 함께 신도로서 그 해야 할 바를 의식하고 있는 인간의 사명도 또한 변전(變轉)한다. 모든 인간들 그리고 존재들은 장래 부처가 되기 위한 전단계로서, 보살이 될 가능성을 지니고 있다. 보살이 열반에 들지 않는다고 한다면, 그것은 다른 사람들에게 구제를 가져다주는 불타로서 다시 한번 태어나고 싶다는 단지 그 이유에서 뿐이다. 누구나 이러한 목표를 가질 수 있다. 그리고 목표로 향해 가는 도중에 이미 보살이 된 사람이 다른 사람들의 절실한 요청에 따라서 자비를 베풀고 구원의 손길을 내미는 것이다.

영웅적인 정진68)과 연민의 마음69)이 보살의 특성이다. 보살은 일체의 존재가 구제를 얻을 때까지 세상의 여러 가지

---

68) 정진(精進)[Virya] 용감한 수도자의 노력과 실천을 가리킨다. 보살이 불도에 매진하면서 중생의 교화를 게을리 하지 않는다는 의미로서 육바라밀(六波羅蜜)이라는 보살의 실천덕목 안에도 정진이 강조되고 있다.

69) 비(悲)[Karuṇa] 보통 자비라는 말로 쓰이지만, 특히 비(悲)는 남의 괴로움을 없애주는 것(跋苦), 자(慈)는 베풀면서 같이 기뻐하는 것(與樂)의 의미가 담겨있다. 대승불교의 실천덕목으로서 가장 강조되는 것이 자비와 지혜이며 삼귀의(三歸依)의 신앙고백 가운데 <귀의불양족존(歸依佛兩足尊)>이 못하는 바, 즉 부처님의 두 다리는 바로 이와 같은 자비와 지혜를 상징하는 표현이라고 이해되고 있다.

참담한 일들 앞에 자기 몸을 내어놓는 것이다. 이제는 더 이상 고독한 고행자의 이상이 아니라, 일체의 존재에 연민의 정을 쏟는 보살의 이상이 경건한 불교도의 마음을 감동시킨다. ─명상을 향한─침잠(沈潛)의 제 단계에 관한 가르침이 고행자의 이상에 관한 것이라면, 불타들에 의해 한 동료로서 영접되어 잠시 천계(天界)에 머물지만 결국은 인간 불타로서 세상에 나타나는 보살의 위치에까지 제고(提高)는 생존의 제 단계에 관한 가르침은 보살의 이상에 관한 것이라고 말할 수 있을 것이다. [샤이엘]

신앙인들에게 있어서 삶의 권태는 생존에의 소극적인 집착의 표식(標識)이다. 세상에 관여하지 않는다면 세간(世間)의 애증(愛憎)·고(苦)·삶의 권태에 초연한 상태에 있을 것이다.

불타에게 있어서는 인간이 가진 적극적인 가능성을 붙잡지도 않고, 집착하지도 않고, 또한 거역하지도 않고 해탈을 얻는다는 단 한 가지 일에 한정되어 있었다. 그렇기 때문에 세간에 있어서 어떤 전설이나 세계형성은 이제 깊은 의미를 갖지 않게 된다. 현상에 들어가므로서 풍요해지는 역사적으로 충실한 삶도 끝없이 전진하는 과학적 지식욕도, 일회적(一回的)인 사랑의 역사성도 역사적인 매몰에 대한 기적도, 이제 더 의미가 없게 된다. 세계는 있는 그대로 방치된다. 불타는 그 한복판을 지나면서도 그 일체의 것을 위한 개혁을 생각하지 않는다. 그의 가르침은 세속적인 것의 이탈일 뿐, 세간을 개혁하려는 것은 아니다. 「사랑스러운 흰 연꽃이 물에 물들지 않는 것처럼, 나도 세상의 오욕汚辱에 물들지 않는다70)」.

---

70) Dh p.58, 59 Sn. 71, 213, 547, 845 등.

그러나 불교도라고 할지라도 실제 세상에서 생활하고 있다. 그들이 아주 평정한 가운데에서 세속을 초월하려면 다음과 같은 두 가지 가능성이 있다. 첫째 승려의 경우에는 마음이 흔들리지 않는 소극적인 경지를 벗어나, 자진해서 일하는 태도를 버리고, 인내와 관용과 명상에 들어가는 것이다. 둘째는 재가신자(在家信者)들의 경우인데 세속에 살면서 그러면서도 세속에 끌리지 않고 협동하여 살아가는 것이다. 그때 재가신도들의 경우에 있어서는 세상에서 활발히 생존을 수행하면서 그러면서도 그것을 『고집하지 않는』 가운데 열반은 나타난다. 전사(戰士)[예를 들면 일본의 무사 등]·예술가 그리고 활동가들은 누구나 불교인으로서 영웅과 같은 평온한 마음으로 산다. 그들은 일하면서도 마치 일하지 않는 것 같다. 그들은 행동하면서도 마치 행동하지 않는 것 같다. 그들은 관여하면서도 마치 관여하지 않는 것과 같다. 삶도 죽음도 그들의 마음을 움직이게 하지는 못한다. 그들은 삶도 죽음도 둘 다 조금의 편견 없이 받아들이는 것이다.

(5) 근원적인 철학자로서 무엇이 남는가?

불교의 세계에 있어서 신적(神的)인 것에 관한 형태적이며 풍요한 직관—이것은 시나 예술로서 우리들의 눈앞에 웅대한 자태를 나타내고 있다—을 열반에 선행시키는 듯한 변화가 생겼지만, 이 변화에 관해서는 다음과 같은 질문이 제기된다. 도대체 그런 것은 불타와 무슨 관계가 있는 것일까? 거기에 대한 답변은 이렇게 하면 좋을 것이다. 신들의 세계, 헤일 수 없는 의례(儀禮)·제사의식·여러 가지 제도·종교조직·거기에 자유로운 승단 이러한 것들 중에서도 철학적인 근원으로 말해서 역시 하나의 잔여가 즉 그 제1의 숭고한 실현에서 빛을 내고, 가장 원시적인 형태에까지 이르는 정신적인 힘의 무엇인가가 감득(感得)된다고, 그것은 귀의가 갖는 불가사의한 힘이며 영원한 것으로 몰입하는 경우[入涅槃]의 형식이다. 그리고 그것은 모든 생성한 것과 함께 하는 넓은 연민의 정, 환희(歡喜)의 정으로서의 불교적인 사랑이며, 비폭력의 태도이다. 아시아에서는 무서운 사건들이 거의 도처에서 일어났고, 또 현재에도 일어나고 있음에도 불구하고 불교의 영향을 입은 자비의 빛은 구석구석에 충만해 있다. 불교는 폭력도, 이교도(異教徒)의 박해도 종교재판, 마녀재판도, 십자군도 동반하지 않은 유일한 세계종교였다.

불교에 있어서는 철학과 신학, 이성의 자유와 종교적 권위와의 사이에 결코 분열이 없었다는 점을, 이러한 사유의 근본적인 본질의 하나로서 들 수가 있다.

이러한 구분에 관한 질문은 결코 문제되어 본 일이 없다. 철학 그 자체가 종교적 행위였다. 그리고 이와 같은 근본적 원리는 아직도 변하지 않고 남아 있다. 지식 그 자체가 벌써 해탈이요, 구제로서 타당한 것이다.

제6장 불타와 불교는 우리에게
어떠한 의의가 있는가?

그들이 우리와 멀리 떨어져 있다는 것을 우리는 잠시라도 잊어서는 안 된다. 불타에게 있어서 통견(洞見)을 성립시키는 명상은 명상의 실제이며, 세속의 잡무(雜務)를 피하고, 세속적인 것에 대해 무관심한 생활태도를 취하기 때문이다. 관찰을 목적으로 하는 과학적인 사유방법 등에 따라서 몇몇의 요가 수행에 의해서 어느 정도까지 갈 수 있느냐 하는 시도만으로서는 충분하다고 할 수 없다. 세속에 관해 무관심한 기분을 신장시키고, 관상(觀想)에 몰두하는 것만으로도 충분하다고 말할 수 없다. 다년간 그럴듯한 방법으로 신앙의 여러 가지 전제나 생활을 보내는 태도를 견지하면서 명상의 실제를 스스로 행하고, 또 그 실제에 있어서 어디까지 도달하였는가를 경험한 사람이 아니면, 단순한 사상으로서 전달이 가능한 것을 이해할 수 있는 상태에 머무르는데 그친다. 불타와 불교에 있어서는 우리-서양인-가 용출(湧出)시킬 수 없었던 하나의 샘(泉)이 철철 흘러나오는 것을, 그리고 서구인으로서는 거기에 이해의 한계가 있다는 것을 결코 잊어서는 안 된다. 우리들은 엄연한 『간격』이 있다는 것을 인식하고 값싼 성급한 접근을 피하지 않으면 안 된다. 우리들이 불타가 말한 진리에 근본적으로 관여하게 되기 위해서는 우리들의 현재 상태를 완전히 변화해야 할 필요가 있다. 이 상위(相違)점이란, 이론상의 입장의 상위가 아니라 인생의 존재양식 그 자체, 사고방식 그 자체의 상위인 것이다.

그러나 이러한 『간격』 때문에 우리들은 똑같은 인간이라는 생각까지도 상실해서는 안 된다. 어디에서나 변하지 않는 인간생존의 문제가 제기되는 것이다. 여기에 불타와 불교에 의해서 하나의 위대한 해결이 발견되고, 실현되고 있다. 이것을 알고, 그리고 힘 다하는 데까지 이것을 이해하는 것이 우리들에게 주어진 과제이다.

우리들 자신이 그것이 아닌 것, 우리들 자신이 실현하지 않은 것을 얼마나 이해할 수 있겠는가 하는 점이 이때의 문제이다. 성급한 태도를 피하고 이해가 종국까지 갈 수 있는 것이라고 생각하는 속단을 피하는 경우에는 무한히 접근하는 형식으로 앞서 말한 이해가 가능해질 것이라고 생각한다. 이해에 있어서 우리들은 깊이 밀폐된 우리들 자신의 모든 가능성을 명확히 자각하고, 또 이해를 통해서 우리 자신의 객관적인 역사성만을 유일하게 참된 것이라고 절대화하는 것을 금하는 것이다.

나는 불교의 경전에 서술되어 있는 것은 모두 일상의 눈뜬 의식에 호소하는 것이며, 따라서 그러한 의식에 의해서 어느 정도까지 이해되는 것이 되지 않으면 안 된다고 주장해서도 무방하리라고 본다.

불타와 같은 인생행로가 가능했다는 것, 그리고 실제로 행하여졌다는 것, 또 아시아에 있어서 오늘날에 이르기까지 여전히 여기저기서 이러한 불교적 생활이 존재한다는 것은 확실히 하나의 위대한 사실이다. 이것을 우리가 안다는 것은, 인간존재라는 것이 물음을 던질만한 가치가 있는 것임을 말해 준다. 인간이란 움직이기 힘든 존재로서 있는 것이 아니라 열려 있는 존재이다. 인간은 하나의 해석, 하나의 실현만을 올바른 것으로 알고 있는 존재는 아니다.

불타는 세간에 있으면서도 이 세간에 대해 아무런 책무(責務)도 인정하지 않고 세간 속에 있으면서도 세간을 이탈하는 인간존재의 구현이다. 이러한 인간존재는 다투는 일이 없으며, 거역하는 일도 없다.

인간의 존재가 무명(無明)에 의해서 생긴 이상, 그것은 소멸하려고 한다. 그러나 소멸의 방법은 매우 철저하며, 결코 죽음을 바라는 것 같은 것도 없었다. 왜냐하면 생(生)과 사(死)를 넘어서 영원한 집을 발견하고 있기 때문이다.

예를 들면 신비주의에서 말하는 제관(諦觀)이나 세계초월, 악에 거역하지 않는 그리스도의 태도 등, (불교에) 유사한 것이 서구에서 출현한다하여도 조금도 상관은 없다. 서양에서는 단서(端緒)·계기였던 것이 아시아에서는 전체가 되고 따라서 전혀 별개의 것이 되어 있다.

그렇기 때문에 남는 것은 다른 것들에 대한 집요한 긴장관계이다. 그것은 개인으로서의 인간과 인간의 관계, 크게 보아서 하나의 정신적 공동체와 다른 정신적 공동체와의 관계와도 같다.

개인 간의 교제에 있어서 서로 우의가 두텁고, 친밀하며, 서로 신뢰하며, 서로 호의를 나누고 있었음에도 불구하고 상대와 나 자신이 마치 미끄러워 떨어지기라도 하는 것과 같이, 또 상이할 수 없다는 것이 해소되어 버리듯이 돌연, 『간격』이 느껴지는 경우도 있지만, 그럼에도 불구하고 함께 영원의 한복판에로 향해 관계되어지고 싶은 요구가 여전히 있어 그것 때문에 이해의 도를 높이고 싶은 시도가 끊임없이 반복되고 있어서 최후의 최후까지 이러한 간격을 인정하지 않으려 하는 일이 있다. 동양과 서양의 사이는 정말로 이와 같은 것이다.

제2부 용수(龍樹)

역사적 위치에 관하여

서력기원후 1세기에서 8세기에 걸쳐 인도에서는 논리적 조작에 의한 철학이 [산스크리트어로] 행해졌다. 힌두이즘의 정리파(正理派)와 대승불교의 여러 부파가 그 대표자였다. 불교의 여러 부파(部派)에 속하는 유명한 사상가로는 용수[1](Nāgarjuna), 무착(Asaṅgha), 세친(Vasubandhu 약 320-400년경) 진나(Diṅāga), 법칭(Dharmakirti 7세기경) 등이다. 문헌은 창조력이 풍부한 사상가들에 의해 일찍이 토로되었음에 틀림없는 형태로 남아있는 것이 아니라, 후세의 누군가에 의해 가필된 상태로 남아있다. 그러나 그것들은 특히 중국에 있어서 철학적인 불교에 있어서의 근본적인 저작이 되었으며 오늘날에까지 이르고 있다.

공관파(空觀派)는 생활을 실천하는데 있어서 자명한 이치로서의 논리적 변증법의 세계의 내부에서 이러한 제 학파에 공통적인 전제에서부터 출발하여 가장 극단적인 곳에까지 향해

---

1) 1. 용수(龍樹 Nāgarjuna): 서력기원 2세기경 사물을 무자성(無自性) 공(空)으로 파악하려는 공관학(空觀學)의 입장을 취하였다. 중국에서는 그를 18종의 조사(祖師)라고까지 숭앙함.

2. 무착(無着 Asaṅgha): 공관학설을 지양하고 진공묘유(眞空妙有)의 입장을 택함.

갔다. 공관파가 설명하는 바는 다음과 같다. 일체의 것은 공
(空)이다2). ─일체의 것은 다만 찰나적이다. ─이렇다할 수 있는
존재양식을 갖지 않는다. ─환영(幻影)과 같은 것이다. 그렇기
때문에 진정한 인식은 공성(空性), 그 자체 속에 있다, 해탈의
경지 즉, 경향에 의해서도 목적에 의해서도 또, 그 밖의 다른
그 어떤 것에 의해서도 움직여지지 않는 [무경향성의] 표식 없
고 의의 없는 [무징표성의] 사유에 의해 진정한 인식이 얻어지
는 것이다. 이 교설은 「금강석3)을 깨뜨릴 수 있을 정도로 완
전한 지혜」라고 불린다. 그것은 또한 『존재는 있다』, 『존재는
없다』라는 두 명제 사이를 흐르는 중도4)(中道)[중관파中觀派]

---

2) 공(空)[Śūnyata]이란 일체법이 인연에 따라 생기는 것이기 때문에
   그 본질적인 실체가 없다는 뜻이다. 그러나 이 경우 공(空)이란 반
   드시 사물을 부정하는 부정적 의미를 띄운 것은 아니다. 그것은
   부정을 넘어선 절대처(處對絶)로서의 공(空)이다. 다시 말하면 모든
   그릇됨을 떨어버렸기에 공(空)이지만, 온갖 착한 것은 모두 갖추었
   기 때문에 더 채울 것이 없다는 의미에서 공(空)인 것이다. 이것은
   자주 『뗏목과 같은 것』이라고 비유된다. 즉 생사(生死)의 언덕을
   넘기 위한 방편으로써 공(空)이 사용되었지만 피안(彼岸)에 당도했
   을 때도 공(空)이 필요한 것은 아니다. 여기에 공(空)마저도 타파해
   야 하는 까닭이 있다. 이것을 공(空)마저도 공한 경지, 즉 공공(空
   空) 또는 필경공(畢竟空)이라고 하는 것이다. 대승불교의 초기경전
   은 거의 대부분이 이 공(空)의 도리를 천명하기 위한 반야부계통
   (般若部系統)의 경전들이다. 대표적인 것으로는 「대반야바라밀다경
   (大般若波羅蜜多經)」, 「유마경(維摩經)」 등이 있다.
3) 금강(金剛)[Vajra]이란 모든 어두움을 깨뜨린다는 은유적 표현이다.
   「금강경(金剛經)」에서는 인간의 완전한 지혜를 금강석에 비유하여
   설명한다. 그 경전은 고정적 실체를 부정하며 올바른 인식(認識)의
   중요성을 강조한다. 일체제법(一切諸法)의 무자성(無自性), 그렇기
   때문에 사물에 집착함이 없는 무주(無住), 그리고 보살의 실천덕목
   으로서 무주상행(無住相行)이 강조된다. 6가지의 한역(漢譯)이 있
   고, 중국 일본 및 우리나라에서 크게 존숭(尊崇)을 받았다.
4) 유(有)와 무(無)의 이변(二邊)을 떠났다는 의미에서 공관학파(空觀

라고도 말하여진다. 존재도 비존재도 어느 것이나 공성[공론空論]에는 적합하지 않은 것이다. 완전한 지(智)[무상5)정등각無上正等覺]의 상태는 전연 다툼이 단절된 곳에서 일어난다.

우리들은 두 종류의 책(반야경전, 용수의 저술)에서 하나의 이미지를 얻는다. 이러한 책은 산스크리트 원문이 없어져 버렸지만 한역漢譯과 티베트어역에서 독일어로 번역되어 있다. 또 <사십이장경四十二章經> 중의 짧은 몇 개의 장이 여기에 부가되어 있다. [학크만역, 246면 이하]

용수를 그 개인으로서 포착한다는 것은 참 어려운 일이다. 그는 형이상학을 형이상학 그 자체에 의해서 지양(止揚)할 수가 있다는 극단적인 예의 대표자로 보여진다.

學派)를 중관파(中觀派)라고도 한다. 인간적 이성을 초월한 무분별한 지혜를 근본으로 하여 사물에 집착하는 분별심을 없애야 한다고 주장한다. 용수(龍樹)의 주저(主著) 「중론(中論)[Mādhyamaka]에는 중관(中觀)의 근본입장을 이렇게 말하고 있다. 「여러 인연으로 생긴 법이기에 나는 이것을 없다고 한 것이요, 그것을 또한 가명(假名)이라고 부른다. 이것은 역시 중도의 뜻이다」(衆因緣生法 我說卽是無 亦爲是假名 亦是中道義).

5) 아뇩다라삼먁삼보리[Anuttara-Samyak-Sambodhi] 무상정등각(無上正等覺) 무상정변지(無上正遍知), 줄여서 정각(正覺)이라고도 한다. 일체의 진리를 체득한 궁극의 깨달음을 가리킨다.

제1장 사고(思考)의 조작(操作)

1. 근본개념으로서의 『법(法)』

이러한 사유가 갖는 하나의 『근본개념』은 법法이다.6) 존재하는 것은 법이다. 법은 물체이며, 성질이며, 상태이며, 내용임과 동시에 내용의 의식이며 객관이면서 동시에 주관이며, 질서이며, 형성이며, 법칙이며 교설이다. 근저에 있는 사고방식은 「질서지어져 있는 것, 형성되어진 것이라기보다는 오히려 자기를 질서지우는 것, 자기를 형성하는 것이 세계의 내용을 만들며 어떤 질서나 형성도 다른 질서·형성을 위해 자리를 양보하지 않으면 안 된다」라는7) 것이다. 어떠한 법일지라도 자립해 있는 것이기는 하지만 제법은 일종의 범주 체계를 이루고 칠십오법(七十五法)8)에 이르기까지 열거되어 있다. 법은 서구인들이 말하는 「존재」(sein)와 같은 뜻으로서 퍽 많은 의미를 간직하고 있다. 이 법이란 말은 번역할 수가 없는 말이다. 왜냐하면 그것은 법의 의미가 매우 광범위한 데에 이르고 있기 때문이다.

---

6) 법(法): **Dharma**, 사상(事象)의 있는바 모습, 그 근원적 진리, 보편적 원칙 등의 다양한 의미로 쓰인다.

7) **Oldenberg**, 독일의 불교학자. <부처님>등의 저술이 있다.

8) 법을 체계적으로 세분한 것을 오위칠십오법(五位七十五法)이라고 함. 색법(色法) 11, 심왕법(心王法) 1, 심소법(心所法) 46, 심불상응행법(心不相應行法) 14, 무위법(無爲法)이다.

2. 무집착(無執着)

이러한 사유의 『목표』는 완전한 지(智)에 이르기 위해 제법 (諸法)에 『무집착』일 것, 제법을 받아 갖지 않고서, 제법을 붙 잡지 않고서 제법을 떠나서 제법을 벗어나는 것이라고 표현 되어 있다. 그런 까닭에 완전한9) 지혜를 얻는 자(菩薩)는 「현 상 가운데에 머무르지 않고 감각 속에 머무르지 않고 개념 속에 머무르지 않고, 형성물(形成物) 속에 머무르지 않고, 의 식 속에 머무르지 않을 것이다10)」.

아이들이나 세속인들은 제법에 집착한다. 일체의 법은 본래 존재하는 것이 아님에도 불구하고 이 사람들은 이것을 표상 (表象)한다. 일단 표상해 버리면 다음에는 이름이나 형태에 집착한다. 그러나 깨달은 사람은 이와 다르다. 보살(菩薩)은 배우면서, 그러면서도 아무런 법도 배우지 않는다. 「그는 제 법을 마치 눈앞에 없는 것처럼 발견한다11)」.

해탈의 걸음은 더욱 더 최후의 일보를 구한다. 나는 이렇게 생각할는지도 모른다. 교설 그 자체가 움직이기 어렵다. 그것 은 법이며 존재하는 것이라고 생각된다. 불타가 생존한 것도 사실이다. 지혜의 완전한 단계에 도달한 보살들도 있다. 그들 은 현실이 아닌 것일까 하고. 그렇다. 그들은 현실이 아니다. 이러한 일체의 것도 또한 공인 것이다. 「나는 저것(법) 즉 보

---

9) 보살(菩薩), Bodhisattva의 음역(音譯). 대승불교의 이상적 인간상. 자기의 깨달음만을 구하는 것이 아니라 다른 사람을 깨닫게 해준 다는 이상을 실현한다. 경전상의 보살은 이와 같은 이념을 가진 상징적 존재로 보면 좋을 것이다.
10) Pr. S. 35(大正藏 八, 589 A)
11) ibid., S. 42(大正藏 八, 589 A)

살을 보지 않는다. 또한 나는 저것(법), 즉 완전한 지혜도 보지 않는다12)」. 완전한 지혜는 표상할 수도 없고, 어떤 사람으로서 있는 것이 아니다. 현상에 집착되지 않는 그 자체는 벌써 현상이 아니다. 감각·개념·형성물·의식에 집착되지 않는 다른 것, 그 자체는 벌써 의식이 아니다. 일체에서 해방되고, 다시 그 해방에서도 해방되는 것 [공13)을 공하는 것] 어떤 일에도 집착하지 않는 것, 이것이 철저한 근본사상이다.

3. 무집착에 도달하는 해탈의 방법 –
   가사유물(可思惟物)과 사상(事象)의 변증법적 부정

이러한 사유가 쓰는 방법은 인도철학이 발전시켜온 『변증법14)』이다. 무집착의 경지에 있어서의 완전한 해탈은 이 변증법에 의해 비로소 이해(理解)되고 성취된다. 모든 사유할 수 있는 것은 존재하는 그 무엇이 아직 거기에서 발견되는 한, 변증법에 의해서 부정된다. 이러한 조작은 특히 용수에 의해서 전개되고 있다. 그것은 또한 그 자체로서 하나의 교설이 되기도 한다. 다음에 그 개개의 사고조작(思考操作)을 몇 가지 서술하여 보겠다.

(1) 일체의 명칭은 실체가 없는 것이다

내가 말할 때 나는 말하는 대상을 『드러난 모습』[상(相)]에

---

12) ibid., S. 35(大正藏 八, 589 B)
13) 이것을 공공(空空), 또는 필경공(畢竟空)이라고 한다. 공마저도 공할 수밖에 없는 입장을 밝힌 것이다.
14) 헤겔의 역사인식의 주류를 이루는 것으로서 정(正)과 반(反)의 두 세력이 다시 합(合)을 만든다는 학설.

의해서 표현하려고 한다. 예컨대 발생과 소멸의 구별에 도달하기 위해서는 먼저 명칭의 구별이 달성되어 있지 않으면 안 된다. 그러나 명칭을 붙인다든가 구별하든가 하면 우리들은 미망(迷妄)에 사로잡혀 버린다. 이것은 다음과 같은 사고에 의해 생긴다.

명칭[명名]과 명칭의 대상(對象)[상(相)]과는 동일한 것이라 할 때에도, 다른 것이라 할 때에도 도달할 수가 없다. 왜냐하면 그것이 동일한 경우에는 불火이라면 불이라는 말이 타버리게 될 것이기 때문이다. 또, 그것들이 다른 것이라 할 경우에도 명칭을 붙일 대상이 없는 명칭 같은 것은 아무리 생각해도 있을 수 없으며 거꾸로 대상뿐이며 명칭이 없다는 일도 있을 수 없다. 그런 까닭에 양자는 다를 수 없다. 이래서 명칭과 명칭의 대상이 동일하다 할 때에도 동일하지 않다고 할 때에도, 어떠한 경우에도 노날할 수는 없다. 그런 까닭에 내가 말로서 이야기하는 한, 그것은 완전한 무(無)이다. 여기에 대해서 명칭은 말하자면 반영이다라고 말한다면 단지 반영에 불과한 명칭은 허망하다라고 말할 수밖에 없다. 그런데 허망한 것에 의해서 표상되고 구별되는 것은 진정으로 존재한다고는 할 수 없다.

이런 이유로 명칭과 명칭의 대상과는 동일하다할 때에도 동일하지 않다할 때에도 어떠한 경우에도 도달되지 않으므로 소멸과 발생, 오는 것과 가는 것 등도, 명칭의 대상의 구별도 또한 도달하지 못하는 것이 된다. 따라서 『표식(標識)』에 있어서의 변역(變易)은 가상에 있어서의 변역이며 완전한 인식에서 멀리 떨어져 있는 것이다. 그런데 현상이라는 『표식』에서 변역할 때 현상은 『표식』이다라는 생각에서 변역할 때, 현상은 공이다라는 생각에서 변역할 때 <나는 변역한다>라는 생각이 있어서 변역할 때, <의식은 『표식』이다>라고 생각하며 의식의 『표식』에 있어 변역할 때 『표식』에 있어서 변역하지 않는 사람은 없다.

징표(표식)를 사용해서 말하는 것이기에 같이 말한다는 수단에 의해서는 탈출해 나올 수가 없다. 명제를 말할 때마다 나는 내가 빠져나가고 싶어 생각하는 것에로 언제나 다시 집착되어 버리는 것이다.

(2) 외관(外觀)에 의하면 일체는 있지만 사실은 일체가
　　　없는 것이다

모든 언표는 외관을 참작해서 증명되기도 하고 또 부정된다. 예를 들면 『소멸』이란 것은 맞지 않는다. 왜냐하면 세상에 보이는 사물은 불멸(不滅)이기 때문이다. 예를 들면 벼는 오늘 저기에 있다. 언제나 거기에 있었기 때문에 그것은 현재 있는 것이니까 소멸하지 않는다. 또 『발생』이라고 말하는 것도 적합하지 않다. 세상에 보이는 사물은 발생하지 않는 것이기 때문이다. 그와 마찬가지로 절멸(絶滅)이라는 것도 없다. 왜냐하면 벼의 종자에서 눈(芽)이 발생하니까 발생이 인정되는 이상 절멸은 없다. 거꾸로 영원한 것도 없다. 왜냐하면 세상에 영원한 사물이란 존재하지 않기 때문이다. 벼의 종자도 싹이 틀 때가 오면 볼 수 없게 된다.―이와 같이 차례차례로 눈에 비치는데 따라 다시 다른 일들이 나타난다. 사물은 하나가 아니다. 또 사물은 잡다(雜多)하지도 않다.―온다는 것도 없으며 간다는 것도 없다.

이러한 사상에는 다음과 같은 사실이 근저에 있다. 즉, 일

체의 범주는 세계에 있어서 어느 곳에선가 나타난다. 범주가 어디에 타당하고 어디에 타당하지 않느냐를 불문하고, 그 대신에 눈에 비치는 외관에 의해서 부정해가는 이 방법에 의해서 범주는 특수한 점에 타당하는 것으로서 언제나 어떤 점에서 적절히 표시됨과 동시에 그렇기 때문에 도리어 절대적으로 일체에 타당하는 것으로서는 적절하지 않다고 인정이 되고 이러한 절대적인 범주로서는 용이하게 부정되는 것이다.

(3) 어떻게 하여 존재와 비존재는 부정되는가?

존재는 있다. 그리고 무(無)는 없다. 이러한 입장은 『무가 있다』라는 입장과 마찬가지로 용수에 의해서 배척된다. 그는 다음에 말하는 바와 같은 사고(思考)과정을 밟지만, 이 과정에 있어서는 그때마다 어떤 하나의 명제가 제출되었다가는 부정되고 새로운 넝제에 자리를 양보하지만 이것은 또한 부정이 되는 방식으로 되어 있다.

ⓐ 『사물은 자체적으로 존재한다』 — 그렇지가 않다. 왜냐하면 자체적으로 존재하는 것은 원인이나 조건에서 생기生起한 것이 아니지만, 모든 존재하는 것은 원인과 조건으로 이루어져 있기 때문이다. 그러므로 자체적으로 존재하는 것은 없고 모든 것은 다른 것에 의해서 성립되어 있다.

ⓑ 『자체존재는 없다해도 다른 것에 의한 존재는 있다』 — 그렇지 않다. 왜냐하면 자체존재가 없다고 하면 도대체 다른 것에 의한 존재는 무엇에 의해서 있다고 할 수가 있을까 어떤 다른 사물의 자체존재를 <다른 것에 의한 존재>라고 부르는 것은 과오에 불과하다. 자체존재가 없으면 다른 것에 의한 존재도 또한 없는 것이다.

ⓒ 『자체존재도 다른 것에 의한 존재도 없는 경우에도 사물은 있다』-그런 일은 있을 수 없다. 왜냐하면 자체존재도 다른 것에 의한 존재도 없는 존재라는 것이 도대체 어디에 있을까? 그런 까닭에 자체존재와 다른 것에 의한 존재가 있을 때에만 존재는 있을 수 있다.

ⓓ 『그런데도 역시 비존재는 있다』-결코 그런 일은 없다. 왜냐하면 존재가 얻어지지 않으면 비존재도 또한 얻을 수 없으니까. 어떤 존재의 다른 것에 의한 존재를 사람들은 비존재라고 부르는데 불과한 것이다.

이러한 사상의 핵심은 존재와 비존재가 불가능하다는 것의 제시에 있다. 존재가 그 자체에 기본을 둔(자체존재) 것이라면 이러한 존재의 비존재는 없을 것이다. 스스로에 기본을 두고 존재하는 것은 결코 타자(他者)가 되지 않는다. 스스로에 기본을 둔 존재자가 진실로 존재하는 경우에는 다른 것에 의한 존재라는 것은 있을 수 없다.

그러나 또 존재가 스스로에 기본을 두고 존재하는 것(자체존재)이 아닌 경우에는 <다른 것에 의한 존재>란 도대체 어떤 다른 것에 의한 존재라고 말할 수가 있을까?

완전한 지혜를 얻은 자가 취하는 태도로 보아 다음과 같은 일이 명백하다. 사물이 『있다』라는 것은 항상 있는 상을 붙잡는 것이다. [상견常見15)] 사물이 『없다』라는 것은 단견(斷見)16)이다. 어느 쪽의 생각도 지지할 수 없는 것이 증명되었다. 그렇

---

15) 유견(有見)이라고도 한다. 사물에 어떤 고정적인 실체가 있어서 영구불변하다고 보는 그릇된 견해.
16) 무견(無見)이라고도 한다. 사물은 공(空)한 것이다. 인생은 허무한 것이다. 따위의 허무공견(虛無空見)을 가리킴.

기 때문에 지혜 있는 사람은 존재의 편에 서도 비존재의 편에
서도 안 된다. 상견도 단견도 어느 것도 주장해서는 안 된다.

어느 쪽의 극단적인 생각을 교설로서 고집하며 존재냐 비
존재냐의 어느 한 편을 주장하려는 사람이 있다고 한다면 그
사람을 향해 이렇게 말하고 싶다. 자체존재와 다른 것에 의한
존재, 존재와 비존재를 보는 사람은 아직 불타의 교설의 성질
을 다 보았다고는 말할 수 없다. 불타가 존재를 부정할 때 사
람들은 착오로 불타는 비존재를 주장하는 것이라는 설을 내
세운다. 불타가 비존재를 부정할 때 사람들은 잘못해서 불타
는 존재를 주장하는 것이라는 설을 내세운다. 그런데 불타는
존재와 비존재를 논함으로써 실은 존재와 비존재를 부정한
것이다. 그렇기 때문에 존재를 주장하는 설도 비존재를 주장
하는 설도 둘 다 버려야 하는 것이다.

(4) 부정방법(否定方法)의 유형(類型)

모든 언어 표현이 단적으로 부정되어지고 또, 부정되어지지
않으면 안 되는 것이 방법적으로 의식되고 있다. 그런 까닭에
부정의 근본적인 요구가 모든 입장에 대해서 한결같이 제기
된다. 「상키야학파17)는 원인과 결과는 하나라고 생각한다. 따
라서 이것을 논파(論破)하기 위해서는 그것들이 하나가 아니
라는 것의 입증이 필요하다. 바이세시카 학파(수론파)는 원인
과 결과가 다르다고 생각한다. 따라서 이를 논파하기 위해서

---

17) Saṃkhya, 수론파(數論派)라고도 한다. 인도 육파철학(六派哲學)의
　　한파로서 인간에게 내재된 절대적 실재를 푸르사(Puruṣa, 神我)라
　　고 하고 그것이 프라크릿트(Prakṛt)적인 면에 결박됨으로서 윤회를
　　거듭한다고 주장함. 실수(實修)로는 요오가수행이 권장된다.

는 그것들이 다르지 않다는 것이 입증되어야 한다[18)」.

이러한 방식으로 하나의 방법적인 유형이 만들어졌다. 그것은 언제나 네 개의 가능성을 음미하고 그 하나하나를 그리고 결국에 가서는 그 전부를 배제하는 것이다. 네 가지의 가능성이란 다음과 같은 것을 말한다.

ⓐ 어떤 것이 존재한다.

ⓑ 어떤 것이 존재하지 않는다.

ⓒ 어떤 것이 존재함과 동시에 또 존재하지 않는다.

ⓓ 어떤 것이 존재하는 것도 아니고 또, 존재하지 않는 것도 아니다.

궁극적으로 타당한 어법(語法) 표현으로 도피하는 길은 모두 폐쇄되어 있다.

그 결과 일체의 것을 부정적으로도 긍정적으로도 표현할 수 있게 된다. 불타는 어떤 하나의 것을 가르침과 동시에 그 반대의 것도 가르쳤다. 진위眞僞의 대립은 극복되고 다시 이러한 대립의 대립도 또한 극복된다. 정말 어떤 언어 표현도 불변한 것으로서 남아 있을 수는 없다.

이와 같은 네 가지의 견해는 어떤 법에 있어서도 반복되어 나타나며 또 물리쳐진다. 예를 들면 「불타는 존재한다. 불타는 존재하지 않는다. 불타는 존재함과 동시에 존재하지 않는다. 불타는 존재하는 것도 아니며 존재하지 않는 것도 아니다」. 혹은 또 「완전한 지(智)에 있어서 변역하는 자는 『나는 변역한다』라는 것에 집착하지 않는다. 『나는 변역하지 않는다』라는 것에도 집착하지 않는다. 『나는 변역함과 동시에 변역하지 않

---

18) Nag I. S. 5.

는다』라는 것에도 집착하지 않는다. 『나는 변역하는 것도 아
니며 변역하지 않는 것도 아니다』라는 것에도 집착하지 않는
다19)」.

(5) 부정의 재료 – 그것을 부정하고 그것을 다시 부정하는 것
  사고의 과정은 끊임없이 반복되지만 그 재료는 언제나 다
르다. 이러한 재료는 사고의 방식·의견·언어 표현 등의 속
에, 요컨대 인도철학에 나타나는 제 범주(諸範疇) 속에 미리
주어져 있다. 불이 연료에 의존하고 있는 것과 마찬가지로 해
소(解消)의 조작은 해소되는 당자에 의존하고 있는 것이다.
이러한 범주의 대부분은 우리 서양 사람들에게도 잘 알려져
있는 것이기는 하지만, 그 중에는 아직 귀에 익지 않은 범주
도 적지 않으며 존재와 비존재 발생과 소멸·인과율(因果律)·
시간·물질·아(我) 등 우리들의 말로서 표현은 되어 있지만
그것들은 모두 인도적인 색채를 가진 것이다.

교설의 개괄(槪括)

(1) 속제(俗諦)와 진제(眞諦)
  두 가지 종류의 진리가 있다. 『세간적으로 덮인 진리』[속
제]와 『최고지(最高智)의 진리』[진제20)] 그것이다. 덮여진 진

---

19) 중론(中論) 관열반품(觀涅槃品) 제 25 및 관사견품(觀邪見品) 제27.
20) 속제(俗諦)[Saṃvṛti-Satya]는 세속제(世俗諦) 세제(世諦)를 뜻하는
   말로서 세간적 진리를 가리키며 진제(眞諦)[Paramārtha-Satya]란
   승의제(勝義諦) 제일의제(第一義諦)라고도 하며 출세간적(出世間的)

리에 있어서는 일체의 법은 발생한 것이라고 간주된다. 최고지의 진리에 의해서는 일체의 법은 발생하지 않은 것이라고 인정된다. 그런데 이른바 최고지라는 것도 덮여진 진리와 무관하게 얻어지는 것은 아니다. 그런데 이 최고지를 별개의 것으로 하고 열반이 달성되는 것도 아니다. 그런 까닭에 불타의 교설은 두 가지 종류의 진리에 의존해 있다고도 말할 수 있고 또는 그릇된 것을 초월하는 길을 걸어감으로써만 진리는 달성된다고 말할 수도 있다. 그러나 이러한 길은 최고의 진리에서 비추어짐으로써만 걸을 수 있다. 그런 경우 이 조명의 힘에 의해서 그 자체로서는 공한 법을 사유하면서도 벌써 세간적인 전도(顚倒)를 있는 그대로 받아들이지 않고 오히려 이 전도를 사유하고 이것에 참여하면서 동시에 이러한 전도에의 집착을 벌써 초탈(超脫)해 있는 것이다.

진리를 가리킨다. 이것은 용수(龍樹)의 이론체계에 근간을 이루는 것으로서 그들은 상호 깊은 연관을 맺고 있다. 중론의 설(說)을 적기(摘記)하면 다음과 같다.

모든 부처님들이 이제(二諦)에 의거해서 중생들을 위해 설법하신다. 첫째는 세속제요, 둘째는 제일의제(第一義諦)이다. 만약 그것을 알지 못하고 이제(二諦)를 분별하면 그것은 곧 불법(佛法)의 깊은 뜻을 알지 못함이다. 그러나 만약 속제(俗諦)에 의거하지 않는다면 제일의제(第一義諦)도 얻을 수 없고, 제일의제를 얻을 수 없다면 열반도 얻을 수 없을 것이다. 제일의제는 모두 말로서 밖에 설명할 수 없는데, 말이란 곧 세속제이다. 그러므로 세속제에 의거하지 않으면 제일의제도 말할 수 없는 것이다. (諸佛依二諦 爲衆生說法 一以世俗諦 二第一義諦 若人不能知 分別於二諦 則於深佛法 不知眞實義 若不依俗諦 不得第一義 不得第一義 則不得涅槃, 第一義皆因言說 言說是世俗 是故若不依世俗 第一義則不可說. 龍樹 中論 觀四諦品. 二十四, 四十 偈)

(2) 사물의 공성(空性)

이렇게 하나인 것이 두 가지 종류의 진리로서 파악되면 이 파악에서 서로 대립하는 두 가지의 견해가 생긴다. 즉, 일체의 사물의 실체적인 자체존재를 주장하는 설이던가 그렇지 않으면 일체의 사물의 비존재를 말하는 설이던가 어느 것 하나이다. 사물이 자체적으로 존재하는 것, 실체적으로 존재하는 것이라고 간주된다면 사물은 무근거이며 무리적(無利的)이며 따라서 원인·결과·행위·행위자·발생·소멸 등이 없다는 것이 된다. 사물이 비존재라고 간주된다면 불가사의한 가상(假象)이 있을 뿐이다. 용수는 이 양설의 어느 것에도 관여하지 않고 사물을 그 공한 성질[공성(空性)]에 있어서 본다. 사물은 저 영원한 자체존재도 아니며 또 그렇다고 무(無)도 아니다. 사물은 존재와 비존재의 『중도(中道)』에 있지만, 그러나 사물은 공이다. 의존적으로 발생하지 않는 사물[법]은 하나도 없다. 그렇기 때문에 공 아닌 사물[법]은 없다.

용수는 이러한 그의 견해를 『의존적 발생』[연기(緣起)21)]의 설이라고 이름 짓는다. 이 설은 그에게 있어서 가장 심원(深

---

21) 일반적 의미의 <연(緣)>[Paratītya]은 조건을 가리킨다. 그러나 연기(緣起)[Partītya-Sam-utpāda]라고 할 때는 「여러 가지 종류의 원인들이 모여서 생겨지는 관계」를 가리킨다. 여기에 관한 원시불교의 설명으로는 갈대의 비유가 있다.
「이것」이 있을 때 「저것」이 있고 「이것」이 생길 때 「저것」이 생기네.
이것」이 없으면 「저것」이 없고 「이것」이 생기지 않을 때 「저것」도 생기지 않네.
Imasmiṃ sati hati imass uppāda idaṃ uppajjati
Imasmin asati idaṃ hoti imoss nirodhā idaṃ nirujjhati//雜阿含 Ⅱ 六五貝).
즉 이것은 상호의존적 연관관계의 원리라고 이해하면 좋을 것이다.

遠)한 진리를 나타내는 것이다. 그러나 그가 이 설을 공식화할 때 그는 또 그와 함께 그 자신의 방법적인 유형에서 말하면 불충분하고 다 알고 있는 뻔한 길에 도달하지 않을 수 없다. 예컨대 이 설을 총괄해서 다음과 같이 표현할 때가 그러하다.

「발생도 없고, 소멸도 없고, 영원도 아니고, 단절도 아니며―하나도 아니고 다른 것도 아니며―오는 일도 없고 가는 일도 없는―이렇게 의존적 발생[연기생(緣起生)]을, 전변(轉變)의 조용한 소멸을 가르치는 사람 앞에 나는 머리를 숙인다22)」.

사물은 의존적으로 발생하고, 공이다라는 설은 고(苦)의 극복이 정말 있을 수 있다는 것, 고를 극복하는 길이 정말 있다는 것을 보증한다. 왜냐하면 자체존재가 있을 때 발생도 소멸도 없다. 그 자신의 본질에 의해서 존재하지 않는 것은 그때 발생할 수도 없으며, 영원히 발생하지 않는 상태에 머무르는 것이다. 그러므로 자체존재가 있을 때에는 이미 아무것도 달성되지 않고, 이미 아무것도 이룩할 수가 없다. 일체가 이미 존재하기 때문이다. 자체존재가 있을 때 생(生)이 있는 것은 갖가지의 상태를 갖지 않을 것이다. 고는 없어질 것이다. 그런데 사물의 공성이 인정될 때 발생·소멸이 있고, 행위·달성이 있다. 사물의 공성을 반박하는 사람은 일체의 것에 공통한 세간적인 현재에 이론(異論)을 말하는 것이 된다. 고는 바로 그것이 자체적으로 존재하지 않고 또 영원한 것이 아니기 때문에 존재하고 있는 것이다.

---

22) 팔불중도게(八不中道偈)를 가리킨다(不生不滅 不斷不常 不一不異
    不去不來).

(3) 불타의 존재·비존재

  다음과 같이 놀랄만한 결과가 선명하게 표현된다. 일체의 것이 본래 존재하는 것이 아니라면 불타는 존재하지 않는다는 사태가 벌어지는 것은 아닐까? 또, 교설·각지(覺智)·실수(實修)·승단(僧團)·승려, 또한 목표에 도달되는 여러 가지 존재 방법도 존재하지 않는다는 사태도 발생하는 것이 아닐까? 이것이 항의로서 제기된다면 이렇게 답변하고 싶다.─그것들은 존재도 아니고 비존재도 아니라는 공한 존재의 의미에 있어서는 존재하는 것이라고. 공한 존재는 있다. 그러므로 불타는 존재한다. 만약 사물이 공이 아니라면 발생·소멸이 없고 고(苦)도 없고 따라서 불타와 고나 고의 타파나 고의 타파에 이르는 길에 관한 불타의 가르침도 없는 것이 될 것이다. 만약 고가 자체적으로 존재하는 것이라면 그것은 멸할 수도 없는 것이 될 것이다. 반약 [고의 타파에의] 도(道)가 자체적으로 존재하는 것이라고 한다면 이것을 행하는 것도 불가능한 일이 될 것이다. 영원한 것을 건너가는 것은 불가능하기 때문이다. 자체존재가 인정이 된다면 이제는 더 도달될 것이 없어진다. 그러므로 불타·불타의 가르침 및 불타의 가르침에 의해 성취되는 모든 것은 공에 있어서 생기하는 것이다. 사람이 있어서 일체의 법을 공성에 있어 여러 가지 조건에 의해 생기하는 것이라고 하고 볼 때에만 이 사람은 불타의 가르침을 그리고 저 네 가지의 거룩한 진리[사성제(四聖諦)]를 볼 수 있고 고의 절멸에 도달할 수 있는 것이다.

  불타의 가르침에는 실체가 없다는 이유에서 위의 설에 이론(異論)을 말하는 사람은 아직도 이 설이 의미하고 있는 바를 이해하지 못했다고 말할 수 있다. 사고되는 것, 표상되는 것 존재하는 것, 그 일체가 공 그 자체에서 보여질 때 이러한 이론(異論)은 중지되고야 마는 것이다.

공성(空性)을 올바르다고 인정하는 사람에게는 세간적인 것이건 초세간적(超世間的)인 것이건 모든 것이 올바르다. 공성을 올바른 것이라고 인정하지 않는 사람에게는 모든 것이 올바르지 않다.

그 논리적·방법적인 유형의 네 가지 견지(見地)를 구별하는 사람은 덮여진 진리 속에서 움직이고 있다. 그는 수많은 사고 방법에 사로잡혀 있다. 그는 여전히 「이것이 참된 것이라면 다른 것들은 무의미하다」라는 양자택일을 고집한다. 그의 「파악은 완고하며 움직이지 않는다」. 그러나 진실한 인식의 눈을 연 사람에게는 저 네 가지의 견지는 무기력한 것이 된다.

존재와 비존재, 영원과 영원이 아닌 것, 공과 공이 아닌 것, 그러한 것들의 전개를 통해서 불타를 보려고 생각하는 사람들은 이러한 전개에 의해서 오히려 마음의 눈이 흐려져 있다. 그들은 장님이 태양을 보지 못하는 것처럼 불타를 보지 못한다. 여기에 대해서 의존적 발생을 보는 사람은 고를, 고의 발생을 고의 소멸을 그리고 고를 소멸하는 도를 본다. 그것은 눈을 가진 사람이 빛에 의해서 여러 가지 형상을 남김 없이 다 보는 것과 같은 것이다.

제2장 교설의 의의에 관한 논구(論究)

1. 이 교설은 가르쳐지는 것일까?

이 가르침에 있어서는 어떠한 언어표현도 부정되고 존재와 비존재에 관한 일체의 주장이 분쇄되고 또, 이러한 방법이야 말로 보편타당적이라고 불림으로 그러는 한 하나의 학설이 생각에 떠오른다. 이러한 설은 보통 부정설(否定說) 내지는 니힐리즘(Nihilism)이라고 불린다. 그러나 이러한 호칭은 정당하지 않다. 왜냐하면 이 가르침에 있어서는 바로 본래적인 것이 탐구되어 지고 있고, 더군다나 그 본래적인 것은 그것이 갖고 있는 의미, 그 자체로 말해서 학설의 형태를 취할 수 없는 것이기 때문이다. 따라서 이 가르침은 스스로를 지양하고 그것에 의해서 도리어 다른 것들을 가리키는 역실직인 명제로서 끝나는 것이 상례이다.

「불타는 말한다. 나의 가르침은 사유할 수 없는 사유를 하는 것, 말로 할 수 없는 것을 말하는 것, 닦을 수 없는 수행을 닦는 것이다23)」.

그러나 그렇게는 말하지만 교설은 사실상 경전 속에서나, 구두(口頭)로서 가르침을 전수할 때나. 여러 가지 다양한 실수(實修)나, 태도를 취하는 방법 속에 여전히 교설로서 존재하는 것이다.

「듣는24) 사람의 단계에서는 이와 같이 완전한 지(智)를 듣

---

23) 大正藏 17, 723A 佛說四十二章經.
24) 성문(聲聞), 부처님의 말씀대로 수행하려는 소승의 수행자. 이타(利他)를 생각지 않는다고 해서 이들을 삼승(三乘)의 하나라고도 한다.

고 붙잡고 고집하며 암송하며[체득해서] 이것을 움직이게 해야 할 것이다. 이와 같이 사람은 완전한 지를 배우고 여기에 힘쓰지 않으면 안 된다25)」. 그러나 이것은 제1의 단계에 불과하다. 아직 목표에 도달하지 않은 승려들은 이렇게 가르침을 배울 때 가르침에 귀를 기울이고 일체지(一切智)에 몸을 바치고 「신(信)을 따라서 간다26)」. 그는 아직 진리에 도달하여 있지는 않다. 진리는 논리적으로 규정된 가지적(可知的) 내용에 의해서 이어 파악되어져 있는 것이 아니고 「돌연히 탁월한 이 이상 없는 명오(明悟)로서 나타나는 것이다27)」.

이와 같이 진리 그 자체가 나타날 때까지 듣고 닦기를 계속해 가는 경과가 사유에 의해 전 인간을 포착하는 하나의 과정인 것이다. 모든 사유 과정만으로는 아무것도 확립되지 않고 해체와 혼란과 현혹이 생긴다. 그러므로 다음과 같이 말하여진다. 「이러한 생각을 듣고 놀라지 않고……이러한 가르침을 듣고 좌절하지 않고 불안에 떨어지지 않고 마음의 심지를 뺏기지 않으면 그 사람에게는 완전한 지를 교시(敎示)할 수 있다28)」.

경전의 말씀들을 읽노라면 가르침의 본질은 실수(實修)에 있었다는 것, 그리고 그 끊임없는 반복에 있었다는 것, 또 이러한 반복과 행에 있어서 그 실질에 적합한 어떤 독특한 기분이 생긴다는 것을 알 수 있다. 논리적인 것이 순수하게 추출되는 것은 드물며 더군다나 명확히 질서지워지고 연마된 형식을 갖춰 추출되는 일은 더욱 드물다. 이 변증법은 단순한 나열과 결

---

25) Pr. S. 36 (大正藏 八五八七 B).
26) Pr. S. 38.
27) Pr. S. 41.
28) Pr. S. 36.

부되어 있다. 아마도 그것은 사태에 적합한 것이라 말할 수 있을 것이다. 왜냐하면 이 경우 모든 논리적인 분석은 사고의 전개 가운데 적극적으로 제시되는 통견(洞見)에의 준비가 아니고 어떤 타자에 의해서 완전하게 되는 침묵에의 준비인 까닭이다. 여기서는 일체의 논증이 스스로 파기되어진다.

이것은 몇 개의 일화에 구체적으로 나타나 있다. 어느 때, 달마29)는 그의 제자들에게 왜 그들이 경험한 것을 말하지 않느냐고 물었다. 어느 제자의 대답도 정당한 것이었지만 그것들은 차츰차츰 단서적인 답변에서 진행되어 한층 더 진정한 답으로 향해 가는 것이었다. 첫 번째 제자가 말하기를 우리들의 경험은 가르치고 보여줄 때에는 아무래도 언설과 관계가 생기지만 그 이외에는 선명하게 표현된 말과는 관계가 없다라고 답했다. 두 번째 제자가 말하기를 경험된 내용은 낙원과 같은 것이어서 곧 또 소멸되므로 이것을 표현할 수는 없다라고 답변했다. 세 번째 제자가 말하기를 모든 존재하는 것은 가존재(假存在)에 불과하므로 이러한 존재의 경험 내용은 말로써 표현이 되어도 역시 가상이며 공한 것이다라고 답했다. 그런데 네 번째 제자는 대답하는 대신에 공손하게 스승의 앞에 나와 다만 침묵을 지키고 있었다. 이 마지막 제자야말로 가장 귀중한 답변을 한 것이다. 그는 사승(師僧) 후계자가 되었다.30)

---

29) 達磨, Bodhi Dharma의 음역. 6세기경 중국으로 건너온 인도 승려라고 전하지만 확실치 않다. 양무제(梁武帝)와 문답이 유명하고 gms히 그를 중국 선종(禪宗)의 창시자라고 보고 있다.

30) 석가무니의 무니(Muni 성자)라는 말이 침묵을 의미하는 것같이 대승불교 특히 선가(禪家)에 있어서 침묵은 중요한 의미를 지닌다. 샤카무니의 영산회상(靈山會上) 설법에서 가섭은 미소로 답하였다.

어느 때 달마는 양(梁)나라의 무제(武帝)와 대화하였다. 무제(武帝)가 말하기를, 나는 많은 사원을 세우고 성스러운 경전들을 복원했고 새로운 사람들에게 승려가 되어 승원에 들어갈 것을 허용해 왔다. 어떠한 공덕이 있을까라고 물었다.

[달마] 공덕 같은 것은 하나도 없다. 그런 것은 일체 사물에 따라 다니는 그림자에 불과하며 현실의 존재를 갖지 않는 것이다.

[무제] 그렇다면 진실로 공적이란 무엇인가?

[달마] 그것은 공(空)과 적(寂)에 쌓여 사유에 침잠하는 것이다. 이러한 공덕은 세간적인 수단에 의해서는 얻을 수 없다.

[무제] 성스러운 가르침 가운데서 가장 중요한 것은 무엇일까?

[달마] 전적으로 공(空)한 세상에서 『성聖』이라고 불리워지는 것은 하나도 없다.

[무제] 나에게 이렇게 응답하는 자는 도대체 누구인가?

[달마] 나도 그것을 알지 못한다.31)

(以心傳心) 문수의 불이질문(不二質問)에 유마거사(維摩居士)는 침묵하였다. 이것은 모두 언어도단(言語道斷)의 경지를 나타내려는 불교의 독특한 면모를 보여주는 일화인 것이다.

31) 달마대사(達磨大師)의 면벽고사(面壁故事)를 말한다. 이것을 양무문답(梁武問答)이라고도 한다. (景德傳燈錄 참조) 무엇을 베풀었다. 착한 일을 했다하는 등의 자만심이 있을 때, 그것은 집착이다. 베품에 대한 보답이나 착한 행위에 대한 자부심들을 없애는 것은 무주상행(無住相行)으로서만 가능함을 말한 고사(故事)이다. 달마는 양무제를 떠나서 남방의 소림사(少林寺)에 면벽(面壁)하였고 혜가(慧可)대사에게 그의 법을 전했다고 한다.

그러나 그렇게는 말하지만 다음과 같은 물음이 생긴다. 완전한 지(智)는 발견되지 않고 지각되어지지 않고 인정되지 않는다.……그러면 도대체 나는 어떤 완전한 지를 가르치고 보여주면 좋을까? 대답은 이러하다. 스스로 실수행하게 하라. 그리고 실수행에 있어 깨달음을 얻었다고 하는 등의 생각을 갖고 조금도 자부하지 않도록 하라. 이 사상의 본성은 순수하다. 이 사상은 실은 사상이 아닌 것이다.

완전한 지에 관한 이러한 사상이 실은 사상이 아니라면 이러한 사상은 존재하지 않는 것이 되어 버리는 것은 아닐까? 이 질문에 대한 답변은 이러하다. 사상이 아닌 것에 있어서는 존재라든지 비존재라든지 하는 것은 발견되지 않는다. 따라서 사상이 아닌 사상이 존재하느냐 그렇지 않느냐 하는 질문은 있을 수 없다.

2. 사유조작은 어떤 의미를 갖는가?

결코 하나의 입장을 고수하지 않고 오히려 일체의 입장에서 떨어지려 하고 어떤 법이나 소리 촉감의 대상이나 생각되어지고 표상되어지는 것에 의거하려 하지 않고 모든 의거에 있어 의거를 해체시키려고 하는 요구가 있다.—「머무는 것(住)은 실은 머물러 있지 않는 것이다32)」. 따라서 대립물의 어느 것을 결정하는 양자택일적인 사유를 허용하지 않고 오히려 일체의 구별을 다시 지양하려는 요구가 있다. 어떤 궁극의 정지점에 한계가 있는 것이 아니고 사유 그 자체에 의한 사유의 좌절을 통해서만 도리어 사유는 지양되어 사유 이상

---

32) Pr. S. 149.

의 것, 완전한 지에 도달하는 것이다. 필연적인 사유에 의해 불러 일으켜지는 내용상실이 도리어 사유할 수 없는 것의 무한한 내용을 눈뜨게 하는 것이다.

그러므로 사유는 끊임없는 자기초월로 향한다. 어떤 언어표현 자체에도 벌써 배리(背理)가 숨겨져 있다. 언어 표현은 필연적으로 자기 자신을 지양하는 것으로서 파악된다. 이러한 자기 지양이야말로 진리를 눈뜨게 하는 가능성을 그 이면에 갖고 있다.

본래적인 진리는 언어표현 되어진 것으로서 자기를 부정함으로써만 개시될 수 있다. 그러므로 사유되면 진리가 아닌 것이 되어버리는 그런 진리를 통해서 이제는 이미 사유되지 않는 것으로서 나타나는 진리에로 길은 통하고 있는 것이다. 이러한 본래적인 진리는 사유로서는 그것에 선행하는 진리가 타버리는 과정에 의해 성립된다.

그런데 사유에 의해 도달되어지는 이 비사유(非思惟)란 대체 무엇인가. 모든 이탈에서부터도 이렇게 해방되어 있는 상태란 무엇인가. 이러한 질문에 대해서는 다음과 같이 답하고 싶다. 파악되지 않는 것을 파악하려고 하기 때문에 이 해방상태 그 자체는 파악되어지지 않는다. 그것은 이제는 더『표식』에 의해서는 파악되지 않기 때문이다라고. 이 상태에 도달하였을 때 지혜있는 사람은 「일어서는데 집착하지 않고 굳건히 서게」되는 것이다. 「그는 어딘가 한곳에 서는 것이 아니고 오히려 서는데 집착하지 않기 때문에 일체지(一切智)속에 서게 되는 것이다33)」.

그런데 이 교설을 가르치는 사람은 말함으로써 끊임없이

---

33) ibid. S. 48(大正藏 8590 B).

모순을 범하는 것이 되기 때문에 위의 것은 방법론적으로 의식되게 된다. 이 교설은 법 가운데에 근거를 두지 않는 사람이 갖는 철저한 사유를 나타낸다. 이 때문에 이러한 사람은 비록 어떤 법의 면에서 질문을 받건 간에 「언제나 도피로」를 찾을 수가 있다. 그가 말할 때 그는 일체의 법과 아무런 관계가 없기 때문에 교설의 본질에 대해서 모순에 빠지는 일은 없지만 그러나 모든 명제 그 자신이 말한 명제와도 모순에 빠진다. 따라서 그런 경우 일체의 그릇된 언어 표현조차도-언어표현이란 것은 그 자체 언제나 그릇된 것이므로-또한 시인되게 된다. 「공에 의해 가르칠 때 비록 누군가가 비공(非空)의 입장에서 여러 가지로 결합을 열거한다 하더라도 그런 사람에게 있어서는 일체는 결함의 열거 없이 세워지는 것과 같다라고 이해되어져야 할 것이다」 그것은 공성(空性)과 관련하는 일체의 논의의 핵심으로 간주되이져야 한다.34)」

이러한 사유의 의미는 다음과 같이 표현되기도 한다. 사유에 의해서 사유되어지는 것에의 즉, 제법에의 속박이 생겼다. 그것은 우리들의 고에 가득 찬 생존을 낳는 타락의 원인이다. 그러나 이 같은 사유를 역(逆)의 방향으로 향하게 함으로써 사유된 것은 또다시 해소된다. 사유에 의해 우리들은 속박 속에 폐쇄되어지지만 그 이후 이 속박은 사유 그 자체가 갖는 무기에 의해서 또다시 파쇄(破碎)되고 비사유 즉, 자유가 돌연히 나타나게 되는 것이다.

용수는 사유할 수 없는 것을 사유하고 언어 표현할 수 없는 것을 표현하려고 한다. 그는 이것을 알고 있기 때문에 일단 언

---

34) Nag. Ⅰ. p.27.

어 표현된 것을 제자리에 되돌려 놓고 해소하려고 한다. 따라서 그는 스스로를 지양하는 사고과정 속에서 움직인다. 경전의 말씀들 속에서 볼 수 있는 명백한 논리적 오류는 한편으로는 정정하려고 생각하면 정정할 수 없는 결함에 근거해 있는데 불과하다고도 말할 수 있지만 반면 불가능한 영역에 들어선 결과 즉 절대적인 진리를 언어 표현하려고 했던 결과로 생기는 논리적인 필연성에 바로 기인하고 있는 것이다.

용수의 사유에는 한편으로 플라톤의 『파르메니데스』 제2부의 변증법과 다른 한편으로는 현대의 논리계산과 형식적으로 유사함을 찾아볼 수 있다. 서양인들에게 있어서 인도경전의 성구(聖句)에서 찾아볼 수 있는 오류는 플라톤의 『파르메니데스』에 있어서 훨씬 엄밀하게 추고된 사유에 있어서까지 범해져 있는 잘못과 비교해서 번잡한 점에 있어서는 다를 것이 없지만 이러한 잘못을 이 논리 계산에 의해 정연하게 정정하는 것이 불가능하지는 않을 것이다. 이 인도경전의 성구는 논리계산에 있어 논리적으로 이루어져 있는 것을 마치 불투명한 매개체를 통해서처럼 단지 순간적으로 뚜렷하게 현출(現出)시키는 것이다. 그런데 역(逆)으로 플라톤과 마찬가지로 이러한 인도인들로부터 단순히 논리계산적인 노력에 대해서 그것이 어떤 의미를 갖고 있는가 하는 질문이 제기된다. 나는 위트켄슈타인에 한한 일이기는 하지만 사유를 가장 순수하고 결함이 없는 사유에 의해서 그 좌절의 한계에까지 인도하는 일의 의미를 얼마간이라도 감득(感得)할 수 있다고 믿는다. 인도경전의 성구에는 불투명한 곳이 있지만 그럼에도 불구하고 심원하다는 것은 단순한 밝음이며 공허한 희롱의 영역을 벗어나지 못하는 듯한 오늘날, 생각되는 밝음에 대해서 자각

반성의 동인(動因)이 될 수 있을 것이다.

3. 사용되고 있는 논리

운동·시간·일자(一者)는 구별하고 고정되고 양자택일적인 사유를 영위하는 오성(悟性)에 의해서는 사유되지 않으므로 그때마다 정해지는 전제 밑에서 일정한 점만을 극복하는 것 같은 사유의 작용을 찾아내려 가는 과제—이것이 서양에서는 유한적인 것의 큰 인식의 하나의 영역이 되며 그때 무한적인 것 자체가 일정한 형태 내지 양상을 띠고 유한적인 사유의 한 수단이 되었다.

인도에서는 이러한 문제는 조금 단서적으로 파악되어 있음에 불과하다. 더욱이 이러한 단서는 일정한 문제의 해결과는 다른 목적에 봉사하는 것으로 시종하고 있다. [이리한 목적은 최근 몇 세기 동안 논리적인 인식이 세련된 후에도 또, 부활할는지도 모른다. 다만 어떤 의미로서 부활하느냐 하는 것은 오늘날로서는 아직 결정적으로 말할 수가 없다]

모든 언어 표현 속에는 아무런 지주도 없고 모든 것이 다른 것과의 대립·모순으로 돌아가며 모든 규정이 소멸하고 어떤 입장도 남지 않는다면 결국은 무(無)가 표면화하든가 그렇지 않으면 본래적인 존재—그것은 벌써 단지 존재라고 부를 수 없는 것이다—가 감득(感得)되게끔 되든가 어느 것 중의 하나이다. 다른 표현으로 말하면 결국 『문제』에 대한 희롱조의 흥미가 남느냐, 그렇지 않으면 이러한 수단에 의해서 자기이해와 자기창조에의 하나의 길을 찾는 정신적인 경지 즉, 완전한 세간초탈, 일체의 사물 나아가서 자기의 존재에 대한 완전한 격리, 따라서 또 완전한 자기초탈(超脫)이라는 정신적인 경지가 남든지 하는 것이다.

이러한 사유의 운동에서는 어떤 것에 관계해 가는 일 없이 배진(背進)하는 관계, 무로서의 이 존재, 공으로서의 공간이 얻어진다. 그리고 그 경우에 언제나 『거기에는 실제로 무엇이 있는가?』라는 질문이 수반된다. 그러나 그것은 표현되어짐으로써 실제적으로는 세간에 있어서의 가능성을 획득한다.

아시아에 눈을 돌리면 가시적(可視的)인 것은 수업에 의해 명상을 깊이 해가는 수도승의 생활로서 있든가 그렇지 않으면 제사나 의례, 마행(魔行)이나 몸짓 속에 표시되든가 그들 중의 하나이다. 그러나 그 어느 것도 철학적으로 수행(遂行)된 경우의 논리적인 변증법이 쓸모 있게끔 되는 것은 아니다. 논리적인 변증법이 목표하는 곳은 이러한 가시적인 것의 내부에서는 소극적인 것이다. 나에게 대치(對峙)하는 어떤 다른 객관적인 존재에 관한 지식으로서의 형이상학을 모두 거부하는 것이다[이것은 힌두교의 제 체계에 있었던 것과 마찬가지이다]. 그러나 또한 적극적인 면도 있다. 그것은 사유에 의하면서 그러면서도 사유 이상의 것이기 때문에 그 자체는 비사유인 것 같은 상태에서의 완전한 지(智)의 획득이라는 것이다.

4. 형이상학에 대한 반대의 입장

용수는 일체의 형이상학적인 사유를 배격한다. 그는 세계창조설에 대해서 비록 그것이 신(Iśvara)35)에 의한 것이건 푸루

---

35) 시대에 따라 신격(神格)이 변천하기 때문에 단정적으로 말하기 곤란하지만, 주권자 지배자의 뜻을 가진 것으로 생각된다. 일체지(一切

샤(Puruṣa呼吸)36)에 의한 것이건 시간(Kalpa)에 의한 것이건
세계 자체에 의한 것이건 간에 모두 반대한다. 그는 제 규정
이나 자기존재, 원자(Abhu)등의 표상에 집착되는 것에 대해
서 일체의 것은 절멸한다는 견해나 영원한 존재를 인정하는
견해에 대해서 그리고 자아설(自我說)에 대해서도 반대한다.

형이상학이 배척된 대신에 논리적인 사유 방법이 나타난다.
불타의 근본적인 태도였던 것—구제와 이러한 구제에 있어서
없어서는 안 될 진리를 고려하기 위하여 존재론적인 문제 정
립을 거부하는 것—이 철저히 생각되고 있다. 존재에 관한 그
의 이전에 여러 가지 사색은 자기 자신을 지양하는 사고의
운동에 의해 해명의 빛이 비추어져 있는 것이다.

인도 철학은 훨씬 이전에 순수한 논리학을 이미 형성하고
있었다. 그러나 그런 경우 공적인 토론이라든지 어떤 세간적
인 지식이 함께 생각되어져 있었다. 다시 시대를 내려와서도
서장(西藏)의 제 파에서는 논리학은 모든 세간적인 학문의 하
나로 헤아려졌다.37) 그러나 이 경우에 논리학은 존재론인 존

智)를 갖춘 순수한 신아(神我)를 가리키는 말이었는데 무한의 미덕
을 갖춘 인격적 자재신(自在神)으로 표현되며, 인도인들에게는 세계
의 주재신(主宰神)으로 숭앙되고 있다.

36) 푸루샤는 베다시대에 있어서는 우주적 원인(原人)으로 생각되었다.
베다의 푸루샤 찬가(Puruṣa-sukha)에는 푸루샤를 천두(千頭)·천안
(千眼)·천족(千足)으로 표현했다. 물론 이 경우 천이란 숫자는 무
한을 상징한다. 후대에 내려오면서 그것은 「사람」의 의미를 가지게
되었고, 개인의 본질, 영혼, 자아(自我)의 뜻으로 쓰였다. 육파철학
(六派哲學)의 시대에 이르러서는 자아적인 변을 강조해서 순수정신
의 실체라는 의미로 쓰여지고 있다.

37) 티베트의 불교대학에서는 대개 다음과 같은 다섯 과목을 순서에 따라
서 배운다고 한다. 이것을 다 마치는 데는 약 20년이 소요된다. ⓐ 논리
학(因明), ⓑ 반야공론(現觀莊嚴論), ⓒ 중관(入中觀論), ⓓ 계율(律藏),
ⓔ 구사학(具舍論) 아울러 불교연구에 꼭 필요하다고 인정된 토론법추

재인식에 있어서가 아니고 사유 그 자체에 의해서 사유가 불타버리는 과정에 있어서 본래적인 존재와 일치하기 위한 수단이 된 것이다.

이러한 사유는 형이상학적인 사상을 산출하지 못하고 다만 이것을 해소할 수 있을 뿐이다. 이러한 사유는 세계 속에서도 초월자의 예지적인 영역에서도 그 본거를 찾아볼 수 없다. 형이상학적인 사변은 소멸하고 신비적인 사유는 공허한 것이 된다. 그러나 일체는 이 우주가 지속하는 한, 언제나 새롭게 소진(燒盡)되어질 재료로서 사실상 여전히 존재하는 것이다.

그러면 불교의 형이상학적인 철학을 베다안타(Vedānta)[38]의 형이상학적인 철학과 대조해 보자. 불교에서도 베타안타에서도 세계의 실재는 부정된다. 그런데 불교도는 현상계의 실재를 부인하면서 그러면서도 그 현상계에 어디까지나 머무는 것이다. 왜냐하면 현상계를 넘어서면 우리들의 인식에 있어 접근하기 어려운 영역이 열려지기 때문이다. 여기에 대해서 베다안타학파의 사람들은 현상계의 실재를 정면으로 부정하고 이렇게 해서 브라흐만[39]의 진실존재를 확립하려고 한다. 불교도들은 다시, 인식의 본질은 불가분한 것이지만 우리들의 그릇된 통찰력에 대해서만 그것은 주관과 객관의 분열의 의

론법(推論法) 등을 가르친다는 것이다[Stcherbatsky; Erken-ntnstheoric und Logik. S. 34: ditto: Buddhist Logic, Vol.1, p.55 f., 長尾雅人『蒙古學問寺』五八頁 및 同『西藏佛教研究』一六頁 참조).

38) 육파철학(六派哲學)의 하나. 베다의 궁극이라는 뜻에서 베다안타학파라고 부른다. 브라흐마수트라(Brahma-Sūtra)를 근본경전으로 한다. 세계의 질료인(質料因)과 세계창조에 관한 것이 학설의 주류를 이루고 있다. 졸저(拙著) 인도철학사상사(印度哲學思想史), 육파철학(六派哲學) 참조.

39) Brahman, 범(梵), 우주를 움직이는 근원적 힘을 가리킴.

식이 되어 나타나는 것이라고 주장한다. 이에 대해서 베다안
타학파의 사람들은 전 세계의 본질은 결코 정지하지 않는 단
일한 실체이며 의식이 주관과 객관으로 분열해 있는 것을 표
시하는 것은 망상에 불과하다고 주장한다.

5. 완전한 각지(覺智)의 경지

이것은 다툼이 멈추어지는 경지이다. 끊임없이 다툼 속에
있고 모든 언어표현을 부정하는 사유는 바로 그것으로 말미
암아 일체의 다툼이 멈추어지고 다툼이 없는 사람의 『거주하
는 곳40)』으로 간다. 「다툼이 없는 경지에 머문다」라는 것이
요구되어져 있는 것이다. 그러면 이러한 경지란 어떠한 상태
를 말하는 것일까?

그것은 다음과 같이 말할 수 있다. 해야 할 일을 수행하고
걸머진 과제를 끝내고 이제 무거운 짐은 벗어 던져지고 목표
는 눈앞에 있다. 모든 사념은 해방되고 스스로를 통어(統御)
하는 해탈지에 의해 일체의 사유의 통어가 획득한다. 생존의
멍에는 단절되고 모든 부정(不淨)은 없어지고 고뇌 없는 경지
가 얻어진다.

일체의 법은 『상(相)』의 미망에 의해 성립되고 여러 가지
욕정으로 가득 차 번뇌의 고통을 일으킨다. 이러한 괴로움을
공한 것으로 파악할 때, 그것은 극복된다. 그 경지는 미망이
없고 또한 고뇌도 없다. 이 왕성한 정적 속에 있어 제법의 공
성은 여전히 현존을 계속하지만 이러한 현존은 이제 벌써 사
람의 마음을 움직이지 않으며 그 갖고 있는 포외감(怖畏感)

---

40) 원문은 『최승무쟁주(最勝無諍住)』이다. (大正藏 八, 五八七 B).

을, 그리고 독(毒)과 힘을 상실하고 있다. 이런 경지에 있어서는 태어남·죽음·시간 등의 『상』이 이미 적합하지 않는 것, 그것에 대해서는 일체의 가고(去)·옴(來)이 가환(可幻)이 되어 그치는 것 같은 흔들리지 않음이 현존한다.

이와 같은 사상의 존재양식은 회의(懷疑)라고 불리는 것과는 다르다. 왜냐하면 그것은 진위(眞僞)의 대립 즉, 사유를 넘어서 진행하고 또 다시는 독단론과 회의와의 대립까지도 넘어서 진행하는 사유의 작용을 수반하고 있기 때문이다. 만약 이것을 부정설(否定說)이라고 부른다면 거기에 있어서는 부정도 긍정도 함께 소멸하고 있다는 사실을 오해하는 것이 된다. 이것을 니힐리즘이라고 말한다면 존재와 무와의 양자택일이 거기서는 파기되어 있다는 사실을 못 본 결과가 된다. 『존재』는 세계의 공성으로서 경험되어지지만 이것은 여러 가지 비유에 의해 구체적으로 설명되어 있다. 완전히 깨달은 사람에게 있어서는 일체의 사물은 반향(反響)과 같다. 그는 그것을 상기하지 않고, 그것을 인정하지 않고, 그것을 알지 못한다. 그는 이 세상에 있으면서 마치 「간다르바의 성41)(Gaṇdharva-Nagara) [환영幻影의 도시]의 공허함」 속에 사는 것과 같다. 사물의 『공허한 성질』-사물은 존재함과 동시에 존재하지 않는 것이기도 하다는 것(이것은 네 가지의 견지를 다해도 아직 올바르게 생각되어지지 않았다)-은 마술사에 의해서 만들어 진 것42)(인도에서는 실재하는 것이라고 생각되어져 있다)에 비유된다. 즉, 세계는 마술사가

---

41) 간다르바는 팔부중(八部衆)의 하나로서 제석(帝釋)의 음악을 맡은 신으로 존중된다. 그는 천상에 사는데 그의 성(城)은 실체 없는 환상의 도시라는 뜻으로 쓰인다.

42) Pr. S. 46 「譬如幻師於衢道以其幻法出多人聚出己卽隱……是諸幻人有所從來有其實不 有所滅去有所壞不」 (大正 八, 590 A).

네거리에서 많은 군중을 마법으로 불러내고 또 그것들을 없애
버리는 것과 같게 되어 있다. 완전한 각지(覺智)에 도달한 사람
은 측량할 수 없이 많은 것을 저 마법사가 누구 하나 죽이지 않
고 망치지 않은 것과 같은 방법으로 소멸시키는 것이다.

깨달은 사람은 일체의 사물을, 사물(법)의 파악에 있어서도 머
물지 않은 사람같이 인식하고 보고 믿는다. 「별·어둠·빛·허
망·이슬·물거품·꿈·번개·구름43)」. 이와 같은 시의 일단을
완전히 명백히 할 수 있는 사람이라면 이것을 증득하고 보여줄
수 있을 것이다.

여기에 대응하는 것은 이 세상에 있어서의 생존의 평가이
다. 어떤 경전은 불타의 말로서 다음과 같은 말을 전하고 있
다. 「내 눈으로 보면 왕후의 위엄도 햇빛 속에 떠있는 먼지
티끌에 불과하다. 내 눈으로 보면 황금이나 보석의 저축도 진
흙이나 깨진 그릇 소각에 불과하다 ……내 눈으로 보면 세계
에 관한 수천의 체계는 미로바라아네나무의 열매에 불과하
다……내 눈으로 보면 (불교의) 구제의 방법은 하찮은 보물의
집적에 불과하다……내 눈으로 보면 불타가 걸은 길은 한송
이의 꽃을 바라보는 것에 불과하다……내 눈으로 보면 열반
은 잠에서 깬 것에 불과하다……내 눈으로 보면 (여러 가지
학파의) 오류와 진리는 여섯 마리 용의 변모에 불과하다44)」

이와 같이 깨달은 사람은 표현할 수 없는 유일한 무(無)만
을 보는 것이라고 말해서 좋을까? 이런 사람은 끝없는 무차
별의 대해(大海)에 가라앉는다고 말해서 좋을까? 우리로서는
이렇게 말하는 것을 주저하지 않을 수 없다. 제 법의 속박에

---

43) Pr. S. 158.
44) 사십이장경(四十二章經) 중 제사십이장(第四十二章) 참조.

서의 해탈을 자기의 영역으로 하는 사람은 우리들의 견해나
우리들의 판단으로서는 율(律)할 수가 없다. 「허공을 나는 새
鳥의 길처럼 이 사람의 도는 따라가기 어렵다45)」 다만 확실
히 말할 수 있는 것은 이 근원적인 것이 그릇되게 해석이 될
때 즉시 무가치한 것, 말할 것도 못되는 것, 실제로 없는 것
이 나타난다는 것이다.

6. 사 견(邪見)

완전한 지(智)의 공성(空性)에 있어서 세간을 초탈하고 자
기까지도 초탈하는 정신적인 경지는 명확하지 않는 것이 된
다. 왜냐하면 완전무결한 공성이란 모든 것의 충실함을 받아
들인다. 따라서 현(現) 존재에 있어서 완전히 충족되는 일은
결코 없으며 종국에 도달하는 일도 결코 없다. 그것은 현 존
재의 머나먼 피안에서 유래하여 여러 가지 충실함을 허용하
지만 여기에 빠지는 일없이 파악하면서도 파악되는 일은 없
다. 이러한 공성은 손 가까이 있으면서 동시에 언제나 그것을
초월하여 만족할 만한 상태에 있으면서 한없는 불충족을 느
낀다. 일체의 유한자(有限者)가 그리로 향해 좌절해 가는 것,
그것으로부터 나타내는 광휘에서 겨우 한줄기의 가냘픈 빛을
받는데 불과하기 때문이다. 그러므로 시간 속에 있어서의 이
런 태도는 근저의 정적에 의해 지탱되어져 있지만 그럼에도
불구하고 개시적(開示的)이다. 다시 말해서 동적·활동적·배
려적·실현적이다. 그러나 이런 존재양식의 수행은 동시에 이

---

45) 출요경(出曜經)(大正藏 四, 七五○ C~七五一 A) 법구경(法句經) (大
正藏 四, 五六四 B) 법집요송경(法集要頌經) (大正藏 四, 七九三 C).

런 존재양식을 소멸시키는 듯한 어떤 기준에 비추어 행해진
다. 그런데 여기서 공성에 관한 잘못된 견해가 생길 위험성이
있다. 즉, 단지 소극적으로 공성이란 무의 정적에 있어서 일
체의 생존이 소실되는 것이라고 할 때 그릇된 견해가 생기는
것이다. 이 경우 공성은 자기의 현존재를 시간 속에 좁혀 버
리고 만다. 왜냐하면 비존재=존재, 공성·정적 그 자체를 이
와 같이 추상적으로 충실하게 함으로써 일체의 충실이 배제
되는 것이 되기 때문이다. 덮여진 진리[속제]의 재료가 이제
다시는 현존하지 않는다면 열반의 측량할 수 없는 내용으로
인도하는 그 적멸(寂滅)에 도달하는 과정도 또한 이제는 일어
날 수는 없는 것이다. 생존의 현실이란 재료에서 떨어지지 않
고 그리고 요해(了解)의 말은 없어져 버린다. 그때 전달할 수
없는 것으로 침잠해 들어가는 소멸이 일어난다.

　지금까지 말해온 그릇된 견해의 기능성은 서양적으로 고찰
된 것이지만 용수의 철학적인 저작에 있어서는 진정한 사유
방법에서 떨어져 나와 이것을 그릇된 방법으로 내 것을 만드
는 것의 오류에 관해서 그 자신의 사유에 적합한 고찰이 이
루어져 있다. 그는 말한다. 「완전한 지에의 길은 그것이 선지
(先知)하는 일체의 것에 있어 오해를 받기 쉽다. 따라서 그
가르치는 바는 즉시 악용된다」 다시 그는 말한다. 「그 결과
계속하는 각 세대의 사람들의 구제는 결코 진보의 과정이 아
니고 오히려 오해에 의해서 파멸로 인도되는 것이다」

　전반적인 전망은 좋은 것이 아니다. 「불타의 열반 후에 다
만 법을 모방하는 것만의 오백 년을 경과하고46) 사람들의 감

___

46) 상법(像法)이라고도 한다. 이것은 불멸(佛滅)후 변천하는 세태를 말
　　하는 것으로서, 제2기에 해당한다. 이 역사관에 의하면 정법(正法),

각이 점차 둔해진 후에 그들은 불타가 말하려고 한 바를 깨
닫지 못하고 다만 말과 문자에만 집착을 한다47)」. 그러한 양
태가 어떤 것이냐 하면 그들은 절대적인 공의 고찰을 듣고
또 그것을 말하는 것이지만 절대적인 공의 근거를 이해하지
못한다. 그들은 대체로 다음과 같이 의심스러운 생각을 표현
한다—모든 것이 공이라면 어떻게 해서 선악의 결과를 분간
할 수 있을까 하고, 이렇게 해서 그들은 세간적인 사고방식으
로 질문을 할 수 있을 뿐이다. 왜냐하면 그들은 세간적인 진
리[속제]와 절대적인 진리[진제] 사이에 아무런 구별도 두지
않기 때문이다. 즉, 사변적으로 생각되어진 것을, 목적을 설정
하는 오성적(悟性的)인 통찰의 지평에서 사유하는 것이다. 그
들은 객관화하는 사유 때문에 공의 교설의 의미를 상실하고
있다. 무슨 말이냐 하면 단순한 명제에 집착하는 나머지 그들
은 이 교설과는 아무런 관련이 없는 결과를 끌어내고 있기
때문이다. 불타·교법·승단까지도 공으로 지양하는 것은 결
코 그것에 이의를 제기하는 것이 아니고 그것을 법으로서 부
동(浮動)시키는 것임을 그들은 이해하지 못한다. 이 부동이란
말은 어떤 하나의 표상, 어떤 하나의 사상, 어떤 하나의 명제
를 절대화하지 않을 때에만 도달되는 것이다. 부동한다는 것
은 완전한 지에 있어서 고(苦)가 소멸하는 곳에로 법에 싸여

즉 부처님의 진리가 실행되는 시기 그 다음에 상법(像法), 이념은
있지만 행(行)이 없는 시기, 그리고 말법(末法), 진리도 행(行)도 모
두 소멸되는 시기의 순서로 진행된다는 것이다. 그 3기의 구분은
일반적으로 정법(正法) 5백년, 상법(像法) 5백년, 말법(末法) 천년이
라고 설명된다. 그러나 5백년·천년·만년 설(說)도 있다. 이와 같
은 학설은 불교의 말법사상의 단면(端面)을 보여주는 것인데, 말세
에 등장해서 중생을 교화하는 부처가 바로 미륵불(彌勒佛)이다.

47) Nag Ⅱ. p.2.

가지고 진리의 길을 함께 걸어가는 것이다. 그것은 일체의 현상을 절대적이 아닌 존재라고 함으로써 세계 및 자아의 가장 깊은 투조(透照)가 된다. 그런데 그들은 교설의 명제에 고집하는 나머지 이러한 투조를 잃어버리고 있다. 사고는 무엇인가를 지지하는 지침에서 지식 내용으로 퇴락함으로써 그들로부터 상실되어 버린다.

심원(深遠)한 교설을 아는 것은 물론 유익한 일이지만 반면에 그것은 위험한 일이기도 하다. 정당하게 파악되지 않을 때, 심원한 교설도 그 생명을 상실하고 만다. 왜냐하면 공의 이해가 불완전하면 사려가 얕은 사람은 그것에 의해 미망(迷妄)으로 인도될 뿐만 아니라 독사를 잘못 쥐었을 때나 마술에 실패한 경우처럼 파멸에까지 인도되어지기 때문이다.

마지막으로 공이 대중불교(大衆佛教)에서는 어떻게 생각되어지고 있느냐 하는 데에 대해서 12세기에 쓰여진 중국의 어떤 교화서(教化書)에는 다음과 같은 말로 기록하고 있다.

「자체조직이 공이란 것을 통찰하는 사람은 이미 어떤 종류의 억측망견(臆測妄見)에 관계되는 일이 없이 일체의 행동을 멈추고 생각도 없이 고요히 남아 있을 수가 있을 것이다48)」

7. 포괄자(包括者)의 근원적 의식이 전제(前提)이다

이러한 특색 있는 사유는 오성이 여러 가지 이유나 사실에 의해 인식을 강요당하는 경우와 마찬가지의 대상은 갖고 있지 않다. 이러한 사유의 전제가 되는 것은 하나의 명제가 아니라 사유형상이나 비유에 의해 나타내어지는 포괄자인 것이

---

48) Hackmann: Chinesische Philosophie S. 302.

다.49) 일체의 사상은 어떤 분위기 속에 용해되어 있고 이 분위기가 없으면 그것들은 곧 사라져 버리고 만다. 일체의 사상은 사상가의 전제가 되는 경지를 비춰내기는 하지만 사상가는 이러한 사유 없이는 이 경지를 실현할 수 없을 것이다.

근본적인 경지가 논리적인 사유에 의해 강요되어지는 듯이 보이는 것은 외관상의 일이다. 논리는 논리에 의해서 파괴되어져야 하며 따라서 사유도 또한 가상(假象)이란 것이 증명되어져야 한다. 어떤 것도 증명할 수 없다는 것, 오히려 어떤 것도 주장할 수가 없고 어떤 것도 주장하지 않는다고 할 수 없다라고 증명되어져야 할 것이다.

그러한 경우 그 자체로서 끊임없이 존속한 여러 가지 논리적인 사유 필연성이 아마 발견되어 질 것이다. 그러나 그때 이런 사유 필연성은 단지 논리의 희롱에 불과하여 여기에 대해서는 어떤 흥미에서 이러한 일이 행하여지는가 하는 질문이 성립될 것이다.

이런 사유가 동양적인 형태를 취하면서 우리들 앞에 제시되면 곧 그 근원을 그르치게 하는 전경(前景)의 상(像)들이 나타난다. 즉, 토론에 있어서 상대가 어떤 것을 주장한다 하더

---

49) das Umgreifende, 자기 자신과 우주의 궁극적 근거로서의 전체자(全體者)를 가리킨다. 포괄자(包括者)라고 번역한다. 포괄자는 첫째 현존재(現存在)(Da sein)를 말한다. 물질(物質)·생명적 신체(生命的身體)·심(心)·의식(意識) 등의 모든 개별적 존재들에 내재되어 있는 의식일반을 가리킨다. 둘째 의식일반(意識一般)[Bewußtsein Üben haupt]을 말한다. 지각적(知覺的)·감각적으로 체험 가능한 의식구조를 가리킨다. 셋째 정신(Geist)을 말한다. 이것은 사유(思惟)·행위·감정의 전체성으로서의 이념을 가리킨다. 이를테면 포괄자는 주관과 객관의 분열이 있기 이전, 참다운 전 존재(全存在)를 포괄한다. 현존재(現存在)·의식일반(意識一般)·실존(實存)을 포괄자의 세 양식이라고 한다. 해설(解說) 야스퍼스의 불교이해 참조.

라도 이것을 타파해 버리는 것이다. 이와 같은 부정은 아무것도 고집하지 않는 승리감에 넘친 파괴 의식에 있어 나타난다. 말하여진 것, 또 말할 수 있는 일체의 것이 끊임없이 반복되는 동일한 수법에 의해서 지지할 수 없는 것으로 표시된다. 희론적(戱論的)인 타락 속에 빠져 들어가는 이러한 전경의 배후에는 존재 및 비존재에 관한 일체의 언표(言表)를 지양해서 다툼이 없는 경지에 도달하여야 한다는 본래적인 의미가 숨겨져 있다. 모든 사유의 자기부정은 어떤 타자(他者)를 위해 길을 여는 것이 아니면 안 된다. 그런 타자는 고차원적 의식의 명상 단계에 있어서 요가의 마술을 사용해서 행해지는 경험을 통해서 성취되는 것이다. 그러나 이 타자에는 보통의 의식의 존재방식으로도 도달할 수가 있다. 이렇게 해서 공이 현전(現前)한다. 모든 사물은 언표할 수 없지만 절대적인 확신을 갖고 경험되어지는 것을 위해 존재와 비존재의 사이를 부동(浮動)한다.

이 포괄자라는 것은 경험적인 심리상태로서는 기술할 수가 없다. 그러나 그 윤곽을 잡을 수는 있다. 공은 명상의 한 단계에 대해서 쓰여지고 있다. (파알리경전) 「그런데 이제야 그는 공(空)인 한 마을을 볼 것이다. 그가 들어가는 집은 모두 사람이 살지 않고 황폐하여 공이리라. 그가 접촉하는 음식물도 모두 알맹이가 없고 공일 것이다.[50] 이 경우 인간의 감성이 공한 마을에 비유되고 있지만 그 공이란 결코 존재의 부정을 의미하는 것이 아니고 무관심성 흥미 없는 것, 무흥미성을 나타낸다. 『무상(無相)[51]』 [일정한 모습ー이렇게 있다하는

---

50) SN. IV. p.173(南傳 一五, 二七三頁).
51) 무상(無相)[Animitta]은 공(空)·무원(無願)·무주(無住) 등과 같이

것—을 갖고 있지 않은 것, 무징표(無徵表)인 것]은 파알리경전에 의하면 지각되어진 것의 징표에 집착하지 않는 것을 의미한다. 그것은 부정이 아니며 깨어있는 문지기에 비할 수 있는 승려가 외부에서 흘러 들어오는 감각적인 자극에 대해 들어가는 것을 거부하는 실제적인 태도인 것이다. 마아야아52)는 세계를 환영(幻影)에 비유한 것이지만 이것은 존재의 전개가 자의적(恣意的)이며 무의미한 것을 표현하기 위함이며 존재의 전개가 현실에 있는 것을 부정하기 위해서가 아니다. 묘사나 반향이나 꿈으로 비유했다고 해서 인도인이 그러한 현상 속에 진실의 모습을 파악한 것을 잊어서는 안 된다. 생존의 부정을 목표로 한 것이 아니고 생존의 허망함을 표시하려했던 것이다.

8. 불교제파(諸派)의 입장의 개관,
   모든 교설의 궁극적인 의미

공관파(空觀派)는 수많은 학파 중의 하나이다. 이 모든 학파에 공통된 것으로서는 불교적인 해탈에의 의지, 고에 관한 또, 세계의 실재의 가환성(假幻性)에 관한 지식을 들 수 있다. 이 공통된 것의 내부에 있어서이기는 하지만 세계의 실재가

반야부계통 경전의 대표적 술어로 쓰이고 있는 말이다. 일반적인 의미로 유상(有相)이라는 것은 미망(迷妄)에 의해 생사유희를 거듭하는 현상계(有爲法)의 헛된 모습을 지칭한다. 이 경우 무상(無相)이란 단순히 유상(有相)에 반대되는 개념으로서 쓰이는 것은 아니다. 그것은 유무의 상(相)을 초월하는 절대적 의미의 공(空)이다. 용수(龍樹)의 「대지도론(大智度論)」에는 가명상(假名相)·법상(法相)·무상상(無相相)의 세 가지 상(相)을 설명하고 있다.
52) Māya 헛된 환(幻)의 세계.

인식되느냐 어떠하냐에 관해 사색을 했을 때 여러 가지 견해 가 분기한 것이다.

외계는 실재하며 지각에 의해서 직접 의식할 수 있다說一 切有部53) 외계는 감관(感官)에 의해서는 지각되지 않지만 그 존재는 지각을 매개로 해서 추론되어질 수 있다.54)[經量部] 의식의 확실성만이 의식 그 자체에 의해 주어져 있고 내계 (內界)만이 실재이며 주관과 객관의 구별은 사실 존재하지 않 는다55)[瑜伽派]. 외계도 내계도 현실의 독특한 존재라고는 인 정하지 않는다. 주관적 존재와 객관적 존재의 실재성에는 상 위(相違)가 있는 것도 아니다. [공관파, 용수는 이 학파에 속 한다]

---

53) 전통적 상좌불교(上座佛敎)의 대표적 부파 상승이십부(上乘二十部) 가운데서도 가장 유력한 세력을 가졌었다. 서북인도의 지역을 중 심으로 발전되었고, 득히 카니쉬가(Kaniṣika).
왕의 외호로 발달했다고 한다. 근본교설은 법유아무(法油我無)로서 현상적 사물을 세밀하게 다루어서 <유부(有部)>의 칭호를 듣게 된 것이다. 그러나 후대 대승불교의 성립과 함께 그들의 독성(獨聖)과 현학성이 공격의 대상이 되기도 하였다.
54) 또는 경부(頸部)[Sautrāntika]라고도 한다. 1세기 후반쯤에 설일체유 부(說一切有部)로부터 독립하였다고 믿어진다. 설일체유부(說一切有 部)의 세실유설(世實有說)을 비판하여 과거무체설(過去無體說)을 주장 하였고, 무위의 실유(實有)도 부정하고 가유설(假有說)을 주장하였다.
55) 유가행파(瑜伽行派)[Yogacāra]라고도 한다. 인도 전통 요가학파와 구 별하기 위해 「유가(瑜伽)」라는 말을 쓴다. 開祖는 [Maitreya- nathā 약 270~350경)이며 용수를 중심으로 한 중관학파의 공사상(空思想) 을 비판하여 무착(Asaṇga 약 310~390경) 세친(世親)[Vas-ubandhu 약 320~400경] 등이 그 학설을 계승하였다. 약 七세기에 이르기까지 이들 유식학파는 공관학파(空觀學派)와 더불어 활발한 논전(論戰)을 전개하면서 불교 교리(敎理)의 발달에 기여하였다. 중국의 현장(玄奘) 은 이것을 토대로 법상종(法相宗)을 창시하였고 우리나라에서도 고 려 말까지는 상당한 세력을 가졌었다. 졸저(拙著) 한국(韓國)의 사찰 (寺刹) 금산사(金山寺) 참조.

이러한 『인식론적』 제 견지(諸見地)의 유형화 속에 관념론과 실재론, 합리론과 경험론, 실증주의와 니힐리즘이라는 서양적인 유형화를 발견할 수 있다. 그것은 외계의 실재에 관한 문제인 경우 더욱 현저하다. 그러나 이러한 것은 모두 이때 철학적으로 생기(生起)한 것의 합리적인 잔재를 지시하는데 불과하다. [철학적으로 생기한] 이 본질적인 것은 하나의 입장으로서 언표(言表)할 수 있는 학설의 모습으로 정리하여 적절히 표현할 수가 없다. 이렇게 할 수 있는 것은 어떤 일정한 지식이 구제의 방법이기도 한 경우에 한할 것이다. 그런데 적극적으로 표현될 수 있는 내용이란 의미에서의 일체의 지식은 도리어 집착 이외의 것이 아니기 때문에 구제의 길은 일체의 지식, 일체의 가지성(可知性), 일체의 견지(見地)를 분단하는 것이 된다.

생존의 일체의 현실이 공이라는 것은 세간적인 전변(轉變) 속에 퇴락함으로써 [거기에서] 화(禍)와 고(苦)가 생기해 오고 그리고 그리로 환귀(還歸) 되어지는 것이 확실히 존재한다는 것을 표시한다. 모든 사유된 존재는 퇴락한다. 진정한 사유의 의의는 사유의 전변에서 비사유에로 되돌아가는 데에 있다. 사유의 전개에 의해서 생겨진 것은 더 높은 고차적 사유에 의해 사유의 해체를 통해서 해소된다. 이런 일은 결국 일체의 기호존재(記號存在), 따라서 일체의 말의 진실하지 못함을 통찰할 때에 일어난다. 『표식』으로서의 말은 단지 주어진 존재라는 것, 그러므로 참다운 의미를 결여하고 있는 것이 통찰되면 말 자체가 소멸한다. 이것이 곧 해탈이다. 고를 참고 견디면서 의식의 세간적인 전변 속에 공을 만들어 감으로써 근원으로 인도되어 돌아가는 것이다.

그렇다고는 하지만 역시 이 세상에는 교설이나 말이나 해탈의 길로 이끄는 안내서나 그리고 또 사유에 의해 퇴락이 생기게 된 그 같은 사유가 사유되어진 것을 분단하는 일 등은 여전히 존재한다. 그러므로 일체의 통견(洞見)이 사유의 자기지양에 의해 본래적인 사유 속에 들어갔음에도 불구하고 침묵의 엄숙함이 현실적으로 이루어지고 마침내 일체의 언설·청문(聽聞)·전달이 완전히 멈추어지는 것이 아니라면 부단히 어떤 하나의 입장이 현존한다. 이런 이유로 용수에 있어서는 『의존적 발생』[연기(緣起)]의 교설로서의 입장이 또 다시 흔들리지 않는 공의 방식에 타당하게끔 되어 있는 것이다.

용수의 『의존적 발생』의 교설의 취지를 말하자면 일체의 것은 있기도 하고 동시에 없기도 한 것이기 때문에 일체의 것은 조건지어져 있는 것이라 할 수 있다. 지혜에 도달한 사람은 이러한 일을 통찰한다. 그러므로 그는 일체의 사상을 통어하고 어떤 하나의 사상에 복종하는 일이 없다. 그는 일체의 규정된 사상 속에서 움직이면서 그렇지만 그것들을 벗어나서 부동한다. 그는 스스로 자신의 생존을 이끌고 그와 함께 스스로 이 부동 속으로 들어간다. 모든 것의 제약은 이 세계―마술사의 속임수에 비할 수 있는―가 그것에 의해서 있는 것 즉, 나와 나의 사유 속에 있다. 제법의 세계와 자아는 조건지어져 있는 것의 과정 속에 있다. 우리들이 거기에 살고 있다고 생각하고 그리고 동시에 도망칠 수 있는 길을 잃어버리고 고뇌하는 세계를 생기게 하는 것은 바로 의존적 발생의 과정이다. 그런데 의존적 발생의 이 세계 전체가 언어표현 된 이 교설까지도 포함해서 파개(破開)된다.―이것이 해탈인 것이다. 이와 같은 해탈이 얻어질 때 미망(迷妄)은 물러나고 말할 수

없는 것이 나타난다. 이 교설은 생존의 흐름을 초월하는 배
(船)에 비유된다. 피안에 도착하면 배는 이미 쓸모없는 것이
된다. 세계 존재의 허망한 흐름에 속해 있는 이 교설을 그때
에도 여전히 놓치지 않고 갖고 있다면 그것은 마치 강가에서
새로운 땅으로 향해갈 때 배를 어깨에 걸머지고 가는 것과
같이 바보스러운 일임에 틀림없다. 지혜 있는 사람은 그것을
그의 배후에 놓여져 있는 흐름에 맡기고 만다. 교설은 해탈을
위해서는 쓸모 있는 것이지만 그것만을 고집하기에는 적합하
지 않다.

역사적인 비교

사유방식을 비교해서 거기에 유사점이 있다는 것은 오히려
그만큼 더 거기에 표현되어져 있는 역사적 내용의 상위(相違)
를 나타내는 결과가 된다. 같은 사유 형식의 힘이 서로 무관
계한 여러 가지 세력에 소용되는 일이 있을 수 있다.

 (1) 변증법
 이것은 대립과 모순을 통해서 움직여 가는 사유의 운동이지
만 그 의미는 전혀 다르다. 즉 변증법은 여러 가지 모순을 통해
서 한계에 부딪쳐 거기에 심연과 개시성을 펼쳐 놓는다. 한계상
황은 자극과 요구를 낳는다.―변증법은 모든 모순이 종합에 의
해서 하나의 전체에로 지양되는 것 같은 자기완결적인 원환(圓
環)상태로 인도한다. 이와 같은 사유는 각각 그 계기를 보지(保
持)하면서 현존하는 전체의 실현에로 향한다―변증법은 부정

그 자체가 부정의 부정을 통해서 긍정적인 것을 생기게 하는 현실이라고 생각되어지며 또 그러한 것으로서 수행된다. 부정하는 사유와 행위 가운데에 이 과정 그 자체에 의해 새로운 것이 말하자면 자동적으로 출현하는 것을 기대하는 것이다.

그런데 이런 것의 존재 방식은 하나도 불교도들의 변증법에 본질적인 것은 아니다. 불교의 변증법에서는 그것은 사유할 수 없는 것에로 즉, 사유할 수 있는 것의 척도로서는 존재도 아니며, 무(無)도 아닌 아울러 존재이기도 하며 무이기도 한 것이라고 말해지지만 그러한 언어표현으로는 말할 수 있다. 그러나 결코 이러한 언표(言表)로서는 파악할 수 없는 것에로의 사유를 지양하는 수단이 되어있는 것이다.

이러한 방법에 어느 정도 유사한 방법을 우리는 니체의 사유과정 가운데에서 발견할 수 있다. 니체도[56] 또한 우리들을 어떠한 입장에 고집(固執)시키거나 멈추게 하지는 않는다. 그는 우리들을 대립의 와중에 밀어 넣고 모든 언어표현을 어느 때엔가 서로 모순 되는 언어표현에 의해서 다시 지양해 버린

---

56) Fredrich Nietzsche(1844~1900) 독일의 철학자·사상가·고전문헌학을 전공하다가 쇼펜하우어의 염세철학에 심취하여 철학을 전공하면서 「비극의 탄생」(Die Geburt der Tragöde ansdem Geiste der Musik 1872) 「반시대(反時代)적 고찰」 (Unzeitge mässige Betrachtungen 1873~76) 등을 발표하였다. 철저한 반기독교적 입장으로 세계 근저에 권력에의 의지를 상정(想定)하였다. 신의 죽음 이후 세계는 영겁회귀(永劫回歸)를 통해 초인(超人)의 사상에 접근한다는 윤리적 사상을 토로하기로 하였다. 야스퍼스·하이데거 등 거의 모든 실존주의 철학자들에게 지대한 영향을 끼친 것으로 평가되고 있다. 주요저서로는 「인간적인 너무나 인간적인」 (Menschliches Allzumenchliches 1876~1880) 「짜라투스트라는 이렇게 말하였다」(Also Sprach Zarathustra 1883~1891」, 「선악(善惡)의 피안」(Jenseits Von Gut und Böse-886) 「권력에의 의지」 (Der Wille Zur Macht) 등이 있다.

다. 이것으로 말미암아 니체는 의식적으로 니힐리즘의 완성자
로서—동시에 그것에 의해서 니힐리즘의 최초의 극복자가 되
기도 한다고 생각하고—실현한 하나의 정신적 상황을 근대세
계에 만들어 낸 것이다. 그런데 니체는 비록 조직적인 형태를
정비하지 않았었다고는 하더라도 어쨌든 이와 같은 사실상의
변증법에 의해서 우리 인간존재의 전적인 구제를 성취하려고
희망하였던 것이다. 그러나 그런 경우 구제란 어떤 타자(他
者)에로, 사유할 수 없는 것에로 걸어 들어가는 것이 아니라
오히려 그때 처음으로 완전하고 또 조건 없이 파악되는 세계
의 현실로 걸어 들어가는 것이다. 그는 그가 부정한 초월자에
의 길을 열려고 한 것이 아니라 대지를 위해서 그리고 『아무
것도 참眞은 아니다. 일체가 허용되어져 있다』라는 명제를 내
걸고 선악의 피안에로,57) 사람의 세상으로서의 대지에 있어
서 인간이 자기의 노력에 의해서 자기 자신을 초월해서 점점
고매해져 가는 길을 위해 길을 열려고 한 것이다.

　니체는 불교도와 마찬가지로 일체의 범주를 해소하려고 시
도하였다. 통일·인과율·실체·주관 등 아무것도 없는 것이
라고 그는 말한다. 그것들은 모두 유용한 것이기는 하지만 아
마도 삶을 제약한다고 생각되는 허구에 불과하다. 용수는 말
한다. 일체의 사물 중에 어느 한 가지라도 그 자체로서 존재
하는 것은 없다. 어떤 사상도, 사유된 것도 진실이 아니며 의

---

57) 전주(前註) 참조. 재래의 그리스도교적인 도덕은 겸손·자족(自足)·
　　평화·인애(仁愛)·동정의 덕(德)이며 이것은 니체에 의하면 노예도
　　덕(Sklavenmoral)이다. 권력의지에 의한 초인(超人) [Übermensch]은
　　자기 자신에게 주어진 군주도덕(Herrenmoral)으로서 그것을 초월한
　　다. 재래의 기독교적 선악 기준을 타파한다는 의미에서 니체는 「일체
　　의 가치의 가치전환」(die Unwertungaller werte)이라는 표현을 쓴다.

존적이다. 니체도 용수도 다같이 말한다. 존재는 없다. 일체는
해석이다. 그러나 이러한 공통된 사유형식·해소의 조작의 배
후에 양자는 전혀 다른 목표를 가지고 있다. 이러한 목표가
도대체 무엇인가는 우리들의 이해능력으로서는 성취할 수 없
는 과제이다. 이런 목표는 용수, 나아가서 불교도에 있어서는
구제[해탈(解脫)]에의 의지 및 열반으로서 표현되고 니체에 있
어서는 권력의지58) 및 초인(超人)의 의지로서 표현되고 있다.

(2) 범주(範疇)에 의한 세계존재의 구조

　불교도는 소위 일체의 존재에 관한 근본범주의 고리環란
인과형성을 갖고 있다. 유가학파(瑜伽學派)는 특히 그것이 전
개해서 세계의 현상을 생기시키는 근본식59)(根本識) 종자식
(種子識)에 관해서 말한다. 이 사상을 수행(遂行)하면 이때까
지 실제로는 존재하지 않던 것도 그것이 무엇이며 또 어떤
형태에 있어서 존재하는가를 표시할 수 있다. 모든 현상의 구
조가 표시되는 것이다. 이러한 인도의 견해는 서양의 관념론
과 일치한다는 사실을 우리는 짐작할 수 있다. 사실 칸트는
세계 존재 전체를 현상이라고 생각하고 그 형식은 의식 일반

---

58) 주(註) (56) 참조. 권력의지(Wille zur Macht)는 존재의 본원적 특성
　을 가리킨다. 일체의 본질은 다른 것을 압도하려는 권력의지로 집약
　될 수 있다. 권력의지의 체현자(體現者)가 초인(超人)이며 초인은 바
　로 군주도덕의 창시자이며 자기목적적 현상을 구현하는 자이기도 하다.
59) 아알라야식(阿賴耶識[Ālaya-Vijñāna] 또는 장식(藏識)이라고도 한다.
　유식학파(唯識學派)에 의하면 자아는 만유(萬有)의 근원적 정신적
　실체이다. 아알라야식은 안(眼)·이(耳)·비(鼻)·설(舌)·신(身)·의
　(意)의 육근(六根) 및 육근을 총괄하는 제7식을 총괄한다. 그것들은
　상호 전변(轉變)하고 성숙하는 연기관계를 갖고 있다. 아알라야식을
　근본식(根本識)이라고 부르는 이유는 일체의 식법(識法)의 종자가 되
　기 때문이다. 이기영저(李箕永著) 원효사상(元曉思想) 참조.

의 제 범주에 의해 규정되어 있다고 한다. 모든 인식 가능한 대상은 그 존재 면에서가 아니고 형식면에 있어서이지만 주관에 의해 생겨난 것이다. 소위 선험(先驗)적 관념론(觀念論)60) 사유 속에 전개되는 이와 같은 세계존재의 체계적인 구도를 각양각색의 질서에 있어 만들어 낸 것이다.

그러나 유사점은 곧 상위점(相違點)을 나타낸다. 인도인들은 세계 인식에서 그 진리성을 빼앗기 위해서 이 구조를 생각했다. 세계는 말하자면 꿈이며 허망이기 때문이다. 칸트는 가능적 경험의 한계 내에서 세계인식을 진정한 것으로서 인정하기 위해 이와 같은 구조를 생각하였다. 그에게 있어서 세계는 확실히 현상이지만 가상은 아니다. 칸트를 계승하는 관념론자들은 이러한 범주적 구조를 그 의미의 한계 내에서 현상에 한정되는 것이라고는 생각하지 않고 영원한 진리 그 자체, 신에 의해 고안된 것으로 보았다. 칸트이건 그 후계자이건 어느 것이나 불교적인 사유와 아무런 유사점은 없다. 왜냐하면 독일 관념론자들은 세계인식과 세계행위와를 정당화하였지만 불교의 관념론자들은 이와 반대로 세간의 방기(放棄)나 근본적으로 틀려 있기 때문에 보답되어지는 것이 없는 세계인식의 단념이나 세계형성의 속에 있어서 다만 무익(無益)할 뿐만 아니라 사람을 편집(偏執) 속에 붙잡고 놓지 않는 행위의 단념을 정당화하였기 때문이다.

---

60) **Transzendentaler Idealismus**, 비판적 개념론이라고도 한다. 칸트는 경험론에 반대하여 선험론(先驗論)을 주장하였다. 인식은 경험적 주관의 소산만은 아니다. 오히려 선험적(先驗的) 통각(統覺)으로서 구성되어진 것이다. 인식의 객관성은 초개인적(超個人的) 의식일반에 있다고 주장하였다.

(3) 공(空)과 넓이

공은 출발점으로서 세계의 제 사물(諸事物)을 받아들이고 거기에서 비약을 행하는 용의가 언제나 되어 있기 때문에 대단히 넓은 폭을 허용한다. 세간적인 모든 것에 대해서 무관심하기 때문에 결국 일체의 것을 용서하게 된다. 이것으로부터 다른 제 종교·생활방법·세계상(世界像)에 대한 불교의 관용이 생기게 된다. 불교는 낮은 세간적 진리로서의 이러한 것들과 공존하고 있다. 그 하나하나는 어느 것이나 하급의 세간적 진리에서 비약하는데 적합하다. 무제약한 개방성이 사람들의 마음을 사로잡는다. 불교는 아시아를 수중에 넣었다. 불교는 여기저기서 많은 박해를 받아 왔지만 불교 쪽에서 폭력을 쓴 일은 한번도 없었으며 도그마(Dogma)를 억지로 떠맡긴 일도 없다. 불교의 역사에는 종교전쟁이 없었으며 조직된 교회의 세속적인 정치도 없었나. 이러한 불교적인 사유방법은 서양에서 말하는 이성(理性)이 점유하는 위치에 유사한 것처럼 생각된다. 이성도 또한 공과 마찬가지로 무한히 열려 있다. 무엇이든 듣고 복종하며 거역하지 않는다. 그러나 여기에도 상위(相違)는 있다. 불교의 현자(賢者)는 마치 물에 젖지 않는 오리처럼 세속을 관통(貫通)하며 진행한다. 그는 세간을 버림으로써 세간을 극복한 것이다. 그는 사유할 수 없는 것, 세간적인 것 속에 자기를 성취한다. 이에 대해서 서양인들이 말하는 이성이란 절대적인 것의 속에서가 아니고 그가 자기의 실존에 인수하는 바의 세계의 역사성 그 자체 속에 자기의 실현을 발견한다. 이성적인 서양인은 역사적인 실현에 있어서만 또 역사적인 실현과 한 몸이 됨으로써만 그 근거를 발견하고 그 실현을 저 무한의 높이와 먼 것을 갖는 장소에서 파악하

여 스스로가 저쪽의 초월자에로 관계되어져 있는 것, 그리고
또 거기에서부터의 자유를 얻고 있는 것을 알고 있다.

(4) 간격(間隔)

세계 및 자기 자신에의『간격』즉, 내가 세상에서 만나는 모
든 것들, 내 자신이 행위하며 사유하며 또 그것이 되고 있는 일
체의 것들에 대해서 대립함으로써 정신적으로 해방되는 것은
매우 다양한 방식으로 실제로 있었던 한 형식이다.『바가바
드61) · 기이타아』에는 전투에 있어서 맹렬한 출격을 하면서도
나는 관여하지 않는다고 무관심한 태도를 갖는 전사(戰士)의
생각이 좋은 것이라고 설명되어 있다. 즉 승부를 떠나서 의욕
적으로 수행한다는 생각, 가장 강력한 활동을 쓸 데 없는 짓이
라고 보는 생각이다-에피크로스에62)는 다음과 같은 근본적인
태도가 있다. 나는 감동을 갖는다. 그러나 감동은 나를 붙잡지
는 못한다-바울에 있어서는 마치 내가 거기에 있지 않는 것처

---

61) 바가바드 기이타: 세존찬가(世尊讚歌) 인도 고대 서사시의 하나.
　　 Mahābharata에 삽입되어 있음. 인도 최대의 서사시 마하아 · 브하라
　　 타의 제6권 16章에 수록된 7백송(頌)의 시를 말한다. 주제는 전쟁의
　　 승리를 위한 인간의무의 강조와 철학적 지식의 존중 그리고 일체를
　　 신에게 바치는 열렬한 신애(信愛)를 고취시키고 있다. 구성은 마부로
　　 화현(化現)한 아르쥬나(Arjuna)의 독백형식을 취하고 있다. 현재 인도
　　 에서는 가장 존중을 받고 있는 성전의 하나이다. Franklin Edgerton:
　　 Bhagavad Gita; 2 Vols. Harvard O.S. 1944. S. Radhakrishnan, The
　　 Bhagavad Gita, Lon-don, 1948. Juan mascaro: The Bhagavad Gita,
　　 1962 penguin classics, 1948. 高楠順次郎「印度古聖歌」(世界思想全
　　 集 昭和二年), 同「聖婆伽梵歌」二卷 (大正七年) 참조.
62) Epikouros B.C. 341~270 희랍의 철학자 원자론적 유물론을 제창하
　　 였다. 사람은 감각적 요구를 소유하는 바 쾌락추구의 목적적 존재이
　　 다. 그러나 그것은 무한정한 쾌락을 위한 쾌락의 탐닉이어서는 안
　　 되고 정신의 평정을 염두에 두는 추구이어야 한다고 생각했다.

럼 이 세상에서 행동하고 생활한다고 말하여진다.—니체는 자기
자신에 대한『간격』이란 생각은 고귀한 정신의 징표63)라고 보고
있다. 불교도와 용수에 있어서는『간격』의 형식에는「서양의과」
유사가 있지만 근본적인 태도는 전혀 다르다. 즉, 중점은 비인
격적인 것에 있다. 세간에 무관심하게 될 때 동시에 자아의 소
멸이 함께 생긴다.『간격』은『내 자신』에서 생기는 것이 아니
고 이미『내 자신』이라고는 불려질 수 없는 초월적인 실재에서
생기는 것이다.

　서양적인『간격』의 어느 형태에 있어서도 세계에 현존하는
것이 본질적이다.—그런 경우 이 현존자(現存者)가 점(点)과
같은 자아의 공허한 자유이건 또는 역사적인 침잠(沈潛)에 있
어 자기에게 주어진 것을 인수하고 자기와 동일화하면서 더
욱 더 무한히 자기를 철저히 관조하고 또한 반성적으로『간
격』을 취하는 바의 자아(自我)이건 간에 상관은 없는 것이다.

　동양에서 보면 이렇게『간격』을 취하는 방법은 언제나 불
완전한 것으로 보일 것이다. 어느 경우에든지 세계에 대한 집
착이 붙어 다니기 때문이다. 이에 반해서 서양에서 보면『간
격』을 취하는 아시아적인 방법은 세계를 넘어서서 접근하기
어려운 것, 전달할 수 없는 것에로 소멸하는 것인 듯이 생각
될 수도 있을 것이다.

---

63) 고귀한 정신(Vornehme Seele) 고귀(Vornehm lich-keit)란 니체가
　　설정한 특수한 윤리학상의 가치개념이다. 니체는 도덕개념의 유형
　　으로 군주도덕과 노예도덕을 인정하였다. (註 (57) 참조) 고귀한
　　인간은 군주도덕에 의해서 새로운 가치의 창조자가 되는 것이다.
　　그것은 자기를 존경하며 자기에 충실한 감정과 고도의 긴장된 행
　　복을 가리킨다. 고귀한 인간은 자기 내부에 있는 강자(強者)를 인
　　정하는 자이다. 아울러 자기를 제어할 힘을 갖게 되는 것이다.
　　(Jenseits von Gut und Böse, p.257, p.265).

譯者 後記

번역은 반역이라는 말이 있지만 특히 이번 경우에 해당되는 말인 듯싶다. 전혀 생소한 개념으로 표현된 어휘들이 갖는 의미를 번역한다는 것은 참으로 어려운 노릇이다. 가능한 한 원의를 살리려고 노력했지만, 본의 아니게 범한 오류가 적지 않을 듯싶다. 이 점 앞으로 계속 보완과 수정을 거듭하도록 하겠다. 독일어 원본을 모본(母本)으로 하였으나 불타의 경우 Ralph Manheim의 영문본을, 그리고 용수의 경우에는 미네지마·히데오(峰島旭雄)역 일본어본을 참조하였다. 역주에 있어서 좀 더 완벽을 기하고 싶었으나 지면이 그것을 허락하지 않는다. 기회 있는 대로 좀 더 완벽한 책이 될 수 있도록 노력하겠다.

심원(深遠)한 사상에 기저한 독특한 의미들이 역자의 둔근(鈍根)으로 말미암아 잘못되지나 않았나 하는 근심이 따를 뿐이다. 동학제현(同學諸賢)의 너그러운 교시와 질정(叱正)을 간절히 바란다.

강남에서 역자 씀

◦ **역자** ◦

정병조(鄭柄朝)

◦ 약력 ◦

서울사대부속고등학교
동국대학교 인도철학과
영남대학교 대학원 철학과 동양철학 (문학석사)
동국대학교 대학원 철학과 불교철학 (박사과정수료)
동국대학교 대학원 (철학박사)
(현) 한국종교학회 이사
(현) 한국불교학회 이사
(현) 인도철학회 이사
(현) 동국대학교 21세기기획단 단장
동국대학교 사회교육원 원장
동국대학교 부총장
(현) 사단법인 한국불교연구원 이사장 겸 원장

◦ 저서 및 역서 ◦

『지혜의 완성』, 『인도의 여정』, 『한국불교사상사』, 『불교문화사론』
『인도사』, 『보살도의 숨결』, 『불교입문』, 『한국불교철학의 어제와 오늘』
『불교강좌』, 『선사열전』, 『반야심경의 세계』, 『현대인의 불교』
『한국불교의 좌표』 외 다수

● 야스퍼스의 佛教觀

● 초판 인쇄	2004년 8월 25일
● 초판 발행	2004년 8월 31일
● 저　　자	칼·야스퍼스 著
● 역　　자	정병조
● 펴 낸 이	채종준
● 펴 낸 곳	한국학술정보㈜
	경기도 파주시 교하읍 문발리
	파주출판문화정보산업단지 538-2
	전화 031) 908-3181(대표)·팩스 031) 908-3189
	홈페이지 http://www.kstudy.com
	e-mail(e-Book사업부) ebook@kstudy.com
● 등　　록	제일산-115호(2000. 6. 19)
● 가　　격	8,000원

ISBN　89-534-1983-2 93150 (Paper Book)
　　　　89-534-1984-0 98150 (e-Book)